KB073802

ne
탓이 아니야

ne
탓이 아니야

ⓒ 한선희, 2024

초판 1쇄 발행 2024년 6월 4일

지은이	한선희
펴낸이	이기봉
편집	좋은땅 편집팀
펴낸곳	도서출판 좋은땅
주소	서울특별시 마포구 양화로12길 26 지월드빌딩 (서교동 395-7)
전화	02)374-8616~7
팩스	02)374-8614
이메일	gworldbook@naver.com
홈페이지	www.g-world.co.kr

ISBN   979-11-388-3178-9 (03180)

ne 탓이 아니야

내 탓이 아니야, 네 탓이 아니야

한선희 지음

좋은땅

들어가는 말

 현재 우리가 겪고 있는 다양한 질병과 심리적 문제들의 공통점은 '통증'입니다. 통증은 단순히 신체적인 불편함뿐만 아니라, 우리의 내면에서 비롯된 심리적 요인들과 깊은 연관이 있습니다. 우리가 일상에서 느낄 수 있는 통증에 대한 증상 및 부작용은 과도한 내 탓 혹은 남의 탓을 하는 현상입니다. 우리의 뇌는 과거의 경험과 예측을 바탕으로 통증을 해석하며, 때로는 손상된 조직이 없는데도 지속적인 통증을 경험할 수 있습니다. 이러한 통증은 몸과 마음의 상호작용으로 볼 때 더 복잡해지는데, 부정적인 감정, 스트레스, 우울증과 같은 심리적인 요인들이 신체적인 통증을 악화시킬 수 있습니다. 또한, 통증 자체가 더 큰 심리적 고통으로 이어질 수 있습니다. 그래서 해결되지 않고 원인 모를 통증은 개인의 특성[1]과 환경의 자극에 의해서 내 탓을 하며 살아갈 수도 있고 남의 탓만 하면서 일생을 살아가기도 합니다.

---

1)　　개인의 성향(개인적 특성, 심리도식).

내 탓과 네 탓을 하면서 통증에 시달리고 있는 나는 여러 겹의 커튼에 가리워져 있습니다. 통증을 치료하기 위해서 병원 진료, 심리상담과 치료, 한방, 양방, 내시경, MRI를 찍으면서 커튼을 하나씩 하나씩 열어 가다 보면 어느 순간 겹겹이 가려졌던 통증의 원인이었던 내 '삶의 덫(심리도식)'과 마주하게 될 것입니다. 삶의 도식은 여러 겹의 커튼과, 나의 깊숙한 내면에 숨겨져서 그것을 달래 주고 알아 달라고 나의 신체와 심리를 통해서 간절히 호소하고 있는 것입니다. 나도 아닌, 남도 아닌, 바로 그 누군가로부터 계속 대물림해 왔기에 그 누구의 탓도 아닙니다. 단지 내면의 나를 발견하고 그것의 존재를 인정해 주는 것만이 모든 통증의 치료 방법이라고 할 수 있습니다.

이 같은 문제를 해결하기 위해서는 단순한 의학적 치료뿐만 아니라 심리치료의 관점에서도 접근해야 합니다. 심리치료는 통증의 원인을 근본적으로 이해하고, 내면에서의 갈등이나 문제를 해결하기 위한 도구로 활용될 수 있습니다.

특히 켄윌버의 AQAL Matrix[2]를 기반으로 한 '셀프통합심리치료'와 같은 방법을 통해 그것, 나, 우리, 그것들에 대한 관점으로 개인이 자신의 내면을 탐색하고 치유할 수 있는 기회를 제공할 수 있습니다.

내 탓과 네 탓에 대한 자각과 이를 극복하는 방법을 배우는 과정을

---

2)   Ken Wilber, 『켄 윌버의 통합심리학』 조옥경 역, 서울: 학지사, 2008, 62-104.

통해 우리는 통증의 근본적인 원인을 해결하고, 통증의 악순환을 반복하지 않도록 심리적으로도 더 건강한 상태로 회복할 수 있습니다. 이러한 접근 방식은 우리의 삶을 더 나은 방향으로 이끌어 주고, 통증으로부터 자유롭게 되는 데 도움이 될 것입니다.

목차

2부

통합적 셀프심리치료

1단계: 나에 대한 이해 ────────

2단계: 새로운 경험 만들기 ────────

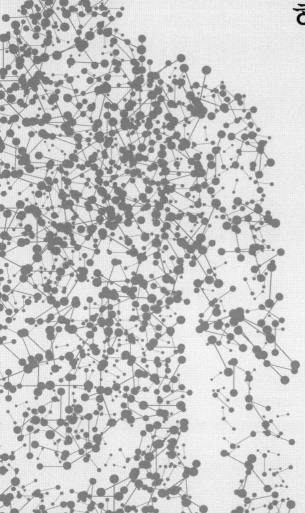

1부

ne 탓을
하게 되는
이유

<〈ne 탓이 아니야 핵심 단어〉>

통증: 몸으로 느껴지는 통증 + 심리적으로 느껴지는 통증

ne 탓: 내 탓 + 네 탓

IOS(통합적 심리치료의 지도): 통증 → 내 탓과 네 탓을 한다 → 괴롭다, 치료하고 싶다 → 원인 찾기 → 치료를 위한 사분면 작성 → 셀프(통합)심리치료

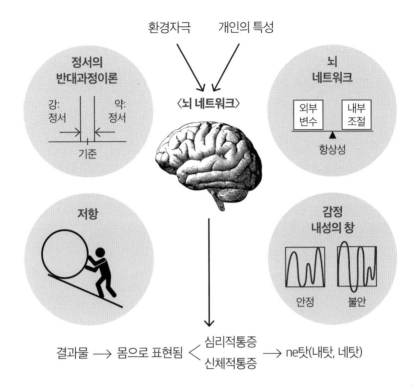

복잡하고 신비로운 뇌 네트워크 시스템은 환경 자극과 개인의 특성에 대한 정보로 해석하고 조절해서 우리의 몸으로 그 결과물을 보여 줍니다. 환경 자극과 개인의 특성들이 주는 정보가 뇌 네트워크에 입력되면 뇌에서는 해로운 것에 대해서는 항상성[3]을 유지하기 위해서 저항

---

3)   항상성은 뇌의 구조와 기능이 시간이 지나도 일정한 수준을 유지하는 현상을 설명합니다. 이는 뇌의 신경 회로나 연결성이 일관된 패턴으로 유지되는 것을 의미하며, 뇌가 외부 자극이나 내부 변화에 대해 일정한 반응을 보이는 데 중요한 역할을

⁴⁾하기도 하고 감정 내성의 창⁵⁾을 넘나들기도 하며 정서의 반대과정 이론⁶⁾처럼 수많은 조절을 시도합니다.

그 결과물은 좋은 결과물이 나올 수도 있지만 알 수 없는 통증(심리적, 신체적)의 형태로 나타날 수도 있으며, 나도 모르게 내 탓과 네 탓을 하며 살아가게 됩니다.

그래서 셀프통합심리치료는 우리를 힘들게 하는 통증의 원인을 파악하고 뇌 네트워크에 좋은 정보를 제공하기 위해서 내 '주변의 환경'과 '개인의 특성'에 대한 변화를 위한 과정입니다.

합니다.

4) 저항은 개인의 행동, 생각, 감정을 변화하려는 시도나 심리적 처리에 반발하거나 방해하는 현상을 나타냅니다. 저항은 나의 고정관념에 의해서 만들어진 스토리텔링입니다. 그 스토리텔링은 이미 일어난 일과 앞으로 일어날 일을 포함합니다.

5) 감정 내성의 창문이란 사람마다 크기가 다르며 감정 내성의 창문 안에서 교감신경과 부교감신경의 높낮이가 움직일 때 사람들은 안정감을 느낄 수 있고 자기'조절능력'을 가지고 안정적인 행동을 할 수가 있습니다. 하지만 감성 내성의 창문을 벗어날 정도의 교감신경과 부교감신경의 높낮이를 왔다 갔다 하는 흥분상태가 된다면 자기조절능력에 문제가 생기게 됩니다.

6) 정서의 반대과정 이론은 정서가 생리적인 활동과 함께 발생하며, 이러한 생리적인 활동이 발현되는 정서적 상태가 일정 시간이 지나면 그 반대의 정서적 상태가 발현된다는 이론입니다.

1. 통합적 셀프심리치료

1) 통합적 셀프심리치료의 필요성

여러분이 겪고 있는 다양한 질병과 심리적 문제들의 공통점은 모두 '통증'을 유발한다는 것입니다. 그중에서 신체 조직에 어떤 손상도 없는데 지속적으로 통증과 고통을 경험하는 것을 '만성 통증'이라고 합니다. 섬유근육통과 만성 두통, 만성 요통, 사고로 팔을 잃은 사람이 팔을 절단한 후에도 계속 팔에서 통증을 느끼는 것처럼 뇌가 과거 경험을 바탕으로 잘못된 예측을 한다는 것입니다. 뿐만 아니라 사랑하는 사람과의 이별, 집단 따돌림, 사회적 소외를 통해서 느끼게 되는 부정적 감정, 슬픔, 거부, 불안, 만성 스트레스, 우울증도 내수용 신경망 및 통제 신경망과 관련이 있어서 신체적 통증을 유발할 수 있습니다.

통증으로 병원을 찾아가 보지만 원인을 찾지 못하거나 치료를 해도 회복이 되지 않는다면 그 절망감은 또 다른 심리적인 통증을 야기시킵니다. 지친 몸과 마음은 내 탓과 네 탓으로 이어져서 사람과의 관계도 깨지게 됩니다. 그래서 현대의학에서는 그 해답을 신경과학에서 찾고 있습니다. 신경과학을 의료뿐만 아니라 심리학 분야까지 적용하여 통합적인 치료를 시도하고 있습니다.

단순한 감기도, 알고 보면 바이러스 때문만은 아님을 알게 되었습니다. 같은 감기 바이러스를 수백 명에게 주입했을 때 25~40퍼센트만 감기에 걸렸으며(Choen and williamson, 1991), 부정적이고 내향적인 사람이 적은 병원균에도 감기에 걸렸습니다(Cohen et al., 2003).[7]

섬유근육통[8]은 일상생활에 큰 어려움을 줄 정도로 몸의 감각점(통점, 압점)에서 고통을 느끼는 통증의 대명사입니다. 조금만 몸이 스쳐도 고통이 일어나며, 이는 심한 피로감, 수면장애, 우울증, 불안장애와 같은 질환을 수반할 수 있습니다. 그러나 섬유근육통의 원인은 오랫동안 알려지지 않아 치료가 어려웠습니다.

최근의 연구에 따르면 중추신경계에서 통증에 대한 지각[9] 이상으로 인해 섬유근육통이 발생한다고 밝혀졌습니다. 중추신경계의 오류로 인해 관련 없는 근육과 피부에서 통증을 느끼게 되는데, 이는 통증 부위와 발병 원인이 전혀 다르다는 것을 의미합니다.

중추신경계의 지각 이상은 세로토닌 대사의 저하, 성장호르몬 분비

---

7) Cohen J., Cohen P., West S. G. & Aiken L. S., 2003, 『Applied multiple regression/correlation analysis for the behavioral sciences(3rd ed.)』, Mahwah, NJ: Lawrence Erlbaum.

8) 김현아, 「제12장 섬유 근통: 임상류마티스학」 제1판, 한국 의학사, 2006.

9) Guedj E., Cammilleri S., Niboyet J., Dupont P., Vidal E., Dropinski JP, et al., 「Clinical correlate of brain SPECT perfusion abnormalities in fibromyalgia. Journal of nuclear medicine: official publication」 Society of Nuclear Medicine. 2008;49:1798-1803.19.

의 감소, 호르몬 분비의 반응 감소 등과 같은 다양한 이유로 발생합니다. 초기에는 섬유근육통의 원인이 명확하지 않아 치료가 어려웠지만, 최근에는 개인의 심리적, 정신적, 신체적, 문화적 특성에 따라 발생한다는 점이 강조됩니다. 따라서 인지치료적 접근과 운동(유산소 운동, 근력 운동, 명상), 한방과 양방을 병행하는 통합적인 치료가 섬유근육통의 치료에 효과적이라는 것이 현재의 치료 트렌드입니다.

그럼 이명[10]은 어떨까요? 소리는 귀를 통해 청각 기관으로 전송하고, 이는 뇌에서 최종적으로 해석됩니다. 뇌는 소리를 단순히 인식하는 데 그치지 않고, 그에 대한 감정과 생각을 형성합니다. 마찬가지로 이명 역시 귀에서 발생한 소리가 뇌에서 들리면 뇌는 일종의 경계 태세를 유지하게 되어 불안, 짜증, 성가심, 우울 등과 같은 감정 반응들이 나타납니다. 특히 이는 개인의 성격과 심리적 상태에 따라 크게 영향을 받으며, 이명을 불치의 병으로 인식하면 이러한 반응이 더욱 강화됩니다.

뇌에서 나타나는 감정 반응이 일상생활에 큰 영향을 미칠수록 이명은 부정적으로 여겨지며, 이명이 심해질수록 뇌의 반응도 더욱 강화되어 '이명의 악순환 고리'가 형성됩니다. 이명은 전통적인 치료 개념과는 다르게 뇌의 평가를 변화[11]시켜야 하므로 인지치료에 기반한 교육

---

10) 장영주, 정인철, 이상룡, 2009, 「이명(耳鳴)에 관한 정신의학적 문헌고찰(文獻考察)」 논문집: 대전대학교 한의학연구소, 한의학편, 18(1), 67-81.

11) Jastreboff PJ, Gray WC, Gold SL, 「Neurophysiological approach to tinnitus patients」 Am J Otol 199.

이 필요하며, 청각적 지원을 위해 보청기나 소리발생기를 활용하는 소리치료도 동반되어야 합니다. 급성 스트레스, 불안, 우울증이 심한 경우 임상 심리치료가 병행되면 기능적, 질병으로 인한 이명이 아닌 심리적, 원인 불명의 이명 치료에 효과적일 수 있습니다. 뇌에서 이명을 더이상 인식하지 못하게 하는 치료를 통해 이명이 들리는 시간과 크기를 줄일 수 있습니다. 이명 및 청각 과민증의 치료법 중 하나로 알려진 재훈련 치료(Tinnitus Retraining Therapy; TRT)는 1990년에 Jastreboff에 의해 처음 도입되었습니다. 현재 많은 의료기관에서 채택되어 이명환자의 80% 이상에게 긍정적인 효과를 보여 주고 있습니다. 이 방법은 다양한 원인으로 발생한 이명, 특히 주관적 이명을 치료하기 위해 뇌를 훈련하고, 이를 통해 이명을 점진적으로 개선하는 방법입니다.

재훈련 치료[12]는 이명 소리를 소리로 인식하지 못하도록 다른 소리를 듣게 해서 뇌를 속이는 것입니다.

우울증도 정신질환으로 알고 있지만 세로토닌, 노르에피네프린, 도파민, 옥시토신, 가바, 멜라토닌, 엔도르핀, 엔도카나비노이드와 같은 다양한 신경전달 물질들이 우울증의 각각 다른 증상들의 영향에 의한 '만성 예산 불균형장애'라고 볼 수 있습니다.

---

12)   Jastreboff PJ, 「Instrumentation and tinnitus: A neurophysiological approach」 Hearing Instruments 1994;45:7-11.

지금까지 살펴본 바와 같이 우리를 괴롭히는 감기, 섬유근육통과 이명, 우울증들에 대해서 다양한 치료 방법을 통합하여 접근한다면 충분히 치유가 가능합니다.

뇌는 똑똑하지만 자세하게 들여다보면 매우 단순하기 때문에 최근에 일어난 일만 기억하려고 합니다. 그리고 섬유근육통과 이명처럼 착각하는 뇌를 이용해서 새로운 기억을 주입시키고, 나를 재양육하고, 환경을 유리하게 바꿔 준다면 역으로 우리의 뇌는 최근의 좋은 기억들을 기억하고, 훈련될 것입니다. 그렇게 때문에 통증에 대한 원인을 알아내고 그것을 치료하기 위해서는 뇌과학과 신경학적 측면에서 우리의 심리 문제에 접근해야 합니다.

통증에 시달리다 보면 내 탓, 네 탓을 하게 됩니다. 몸과 마음이 모두 고통스럽기 때문에 마음의 여유가 사라집니다. 내 탓과 네 탓은 치료에 직접적인 영향을 주지는 않지만 통증의 원인을 찾아내는 중요한 단서가 됩니다. 통증의 원인을 찾는 것은 치료의 시작점이 되므로 치료 과정 중에 매우 중요하다고 할 수 있습니다. 발병 원인을 파악하는 것을 건너뛴다면 증상이 잠시 호전될지는 모르지만 머지않아 또 다시 그 고통은 찾아오게 될 것입니다. 통증에 시달리는 우리는 점점 더 창문을 굳게 닫고, 커튼을 하나, 둘, 여러 장 겹쳐서 햇빛도 차단해 버립니다. 그래서 점점 더 우울해지고, 고립되는 악순환을 반복하게 됩니다. 커튼 속에 가려진 나의 내면에서는 '제발 좀 나를 알아주고, 달래 주면 좋겠다.'고 소리치지만 나는 겹겹이 쳐 버린 커튼 때문에 그 소리를 들지 못하고 내 탓과 남 탓만 하게 됩니다.

'나는 왜 이렇게 힘들게 사는 걸까?', '도대체 나는 왜 이럴까?', '저 인간은 왜 저 모양이지.', '우리 애들만 왜 저래서 나를 이렇게 힘들게 하는 거야.' 회사에서 업무 실적이 좋지 않으면 그 모든 것이 다 내 탓인 것만 같고, 내가 휴가도 못 가고 퇴근도 늦어지게 되면 그 모든 것이 옆에 있는 직원 탓인 것만 같습니다. 애가 공부 못하는 것도 내 탓인 것만 같고, 내가 이렇게 못살게 된 것은 재산을 물려주지 않은 부모 탓인 것만 같습니다. '이 모든 게 다 내 탓이야.', '이 모든 게 전부 네 탓이야.' 이렇게 누군가의 대화 중에 실제 나의 삶 속에서 내 탓, 네 탓을 하면서 우리의 소중한 시간을 헛되이 흘려보내고 있지는 않나요? 결국 나의 마음은 병들어 가고 너무 아파서 온몸에 원인 모를 '통증'으로 나타납니다.

누구나 병이 나면 치료를 받아야 합니다. 치료하지 않으면 그 병은 깊어져서 어떤 결과가 나올지 모릅니다. 우리가 병원에 가게 되면 의사는 병의 원인을 먼저 찾게 됩니다.

병원에서 치료를 하기 위해서 제일 먼저, 원인을 찾는 것처럼 심리적 고통의 원인을 찾아가는 것은 심리치료의 첫 번째 과정입니다.

'셀프통합심리치료'는 원인 파악을 시작으로, 스스로 심리치료를 할 수 있도록 방법을 제시해 줄 것입니다.

'셀프통합심리치료'는 내 탓, 네 탓을 하게 되는 원인과 이유를 찾아서 그 연결고리를 끊어 버리고, 마음의 치유 과정을 가질 수 있도록 할 것입니다. 또한 치유된 내가 앞으로 어떻게 살아갈 것인지 삶의 방향을 제시해 주고 다시 재발하지 않도록 하는 것이 목표입니다.

2) 통합적 셀프심리치료의 과정

지금 나는, 나만 불행하다고 생각하십니까? 나는 왜 모든 것이 이렇게 힘겨운가요? 나는 왜 이렇게 불안한가요? 하는 것마다 다 실패하고, 되는 것이 없어서 죽고 싶은가요? 그 이유가 나 때문에, 혹은 다른 누구 때문이라고 생각하시나요? 내 탓, 남 탓을 하다가 현재와 미래를 포기하실 건가요?

기준, 내 탓과 네 탓은 현재 환경이나 상황이 좋아진다고 해서 바뀌지 않습니다. 내가 남의 탓을 하는 이유는 내 기준에서 나에게 만족하지 못했기 때문에 다른 사람에게 핑계를 돌리는 것입니다. 그럼 내 탓은요? 그것 또한 내 기준에서 나를 비하시키고, 만족스러워하지 못한 결과입니다.

조건, 내가 우울증만 없다면 행복할 텐데, 허리 통증만 없으면 행복할 텐데, 돈이 10억이 있으면 행복할 텐데, 이번 달 이 빚만 갚으면 행복할 텐데, 로또 1등에 당첨된다면, 이 직장만 들어간다면, 이 시험에만 합격한다면, 그 사람과 결혼한다면, 아이를 1명이라도 낳을 수 있다면, 우리 아이가 장애를 갖고 태어나지 않았다면……. 이와 같은 행복의 조건들은 채워지고 나면 또 다른 조건들을 만들어 냅니다.

이 모든 기준과 조건들은 결국 내가 정한 것입니다. 우리는 스스로가 만들어 낸 기준과 조건의 덫에서 헤어나지 못하고 괴로워하며 행복이라는 것을 느끼지 못한 채 살아가고 있습니다. 그렇기 때문에 나의 기준과 조건을 바꾸게 된다면 남 탓과 내 탓을 하지 않을 수도 있습니다.

치유, 마인드컨트롤을 하면서 나는 행복해져야지, 행복해져야지를 천 번 만 번을 수없이 되뇌고, 심리상담, 정신과 약을 먹으면서도 내 탓과 네 탓을 하며 괴로워했던 지난날들을 생각해 보십시오. 쉽게 치유되지 않고 시간이 지나면 또다시 재발합니다. 내가 암에 걸렸는데 수술을 통해서 암세포만 제거했다고 병이 나을까요? 암이 재발하지 않도록 면역력을 키우기 위해 항암치료도 하고, 몸을 회복하기 위해 적당한 운동도 하고, 좋은 음식을 먹고, 병으로 지치고 나약해진 나의 마음도 심리상담을 통해서 이겨 내야 하는 통합된 과정들이 있을 때 암에 대한 두려움에서 영원히 벗어날 수 있고, 암으로부터 해방돼서 행복감을 느낄 수 있습니다. 수술 후엔 흉터가 남습니다. 심리치료를 한다고 하는 것은 흉터까지 없앤다는 것은 아닙니다. 그 흉터까지 나와 통합시켜서 나를 잘 알고 다스려서 부작용과 후유증이 발생하지 않도록 하는 것이 심리치료이며 치유의 진정한 의미입니다.

보통의 심리치료에 적용되는 심리상담 이론과 상담기법들은 다음과 같이 다양합니다.

3) 다양한 상담이론과 상담기법

- **인간중심 접근법(Person-centered Approach):** 내담자(클라이언트)를 자신의 문제를 해결할 수 있는 역량을 가진 존재로 보는 이론입니다. 이론에 따라 상담사는 클라이언트의 자기 결정성을 존중하며, 상담 과정에서 클라이언트가 이야기하는 것을 주시하고, 클라이언트의 자발적인 발언을 유도하는 기법을 사용합니다. 상담기법으로는 상담사의 공감적 태도, 비판적인 태도, 의사소통 기술 등이 사용됩니다.

- **인지행동 접근법(Cognitive-behavioral Approach):** 인간의 생각, 감정, 행동이 상호작용하며 문제를 발생시킨다는 이론입니다. 상담사는 클라이언트(내담자)와 함께 클라이언트의 부정적인 생각이나 믿음을 파악하고, 이를 수정하도록 돕는 기법을 사용합니다. 상담기법으로는 문제 해결 기술, 도전적 사고방식, 시뮬레이션 기법 등이 사용됩니다.

- **인터프레소날 접근법(Interpersonal Approach):** 인간이 다른 사람과 상호작용하는 과정에서 발생하는 문제를 다루는 이론입니다. 상담사는 클라이언트와의 상호작용을 중요시하며, 클라이언트가 가지고 있는 대인관계 문제에 대해 함께 탐색하고, 새로운 대인관계 방식을 습득할 수 있도록 돕는 기법을 사용합니다. 상담기법으로는 자발적 대면 기법, 인터페이스 기법, 대인관계 기술 등이 사

용됩니다.

- **정신분석 접근법(Psychoanalytic Approach):** 클라이언트의 무의식적인 과거 경험을 기반으로 문제를 해결한다는 이론입니다. 상담사는 클라이언트가 무의식적으로 경험한 것을 함께 탐색하고 해석하며, 이를 통해 클라이언트의 문제를 해결하도록 돕는 기법을 사용합니다. 상담기법으로는 자유 연상, 투사, 방어기제 등이 사용됩니다.

- **솔루션 중심 접근법(Solution-focused Approach):** 클라이언트의 문제 해결에 초점을 맞춘 이론입니다. 상담사는 클라이언트가 가지고 있는 강점과 자원을 발견하고, 이를 활용하여 클라이언트가 스스로 문제를 해결할 수 있도록 돕는 기법을 사용합니다. 상담기법으로는 질문 기술, 예외 기술, 목표 설정 등이 사용됩니다.

이러한 심리상담 이론과 상담기법은 각각의 특징과 장단점이 있으며, 상황에 따라 적절한 이론과 기법을 선택하여 상담을 진행하고 있습니다. 또한, 상담사의 자질과 능력도 중요한 역할을 합니다. 따라서 상담사는 이론과 기법을 잘 이해하고, 실제 상담 과정에서 적절하게 활용할 수 있는 능력을 갖추어야 합니다. 그래서 상담사마다 이러한 상담기법들을 바탕으로 다양하게 응용하여 상담에 적용하고 있습니다.

셀프통합심리치료는 이러한 상담사의 역할을 내 스스로 해야 합니다. 다양한 상담기법들을 통합적으로 적용하여 내적으로 느끼는 감정,

생각, 자아의식 등을 다루며, 자신의 외적인 문제에 있어서는 외부에서 일어나는 사건, 환경 등과의 상호작용에서 나타나는 문제들을 다루는 데 도움이 될 수 있습니다.

4) 셀프 체크사항

우선 다음과 같은 '셀프 체크'사항들을 사전에 체크하고, 기억할 것을 권합니다.

- **심리적 안전감 확보하기:** 셀프통합심리치료를 시작하기 전에, 자신이 안전하다고 느낄 수 있는 공간을 마련하고, 내적 안정을 유지할 수 있는 방법을 찾아보는 것이 중요합니다. 이를 위해, 꾸준한 명상이나 심호흡 등의 심리적 안정을 유지할 수 있는 방법을 시도해 볼 수 있습니다.
- **문제 정의하기:** 자신이 직면하고 있는 문제를 명확히 이해하고, 그 문제의 원인과 영향을 분석하는 것이 필요합니다. 이를 위해, 다양한 자료와 전문가의 지식을 참고하거나, 일기를 쓰거나, 예술적 수단을 활용하는 등 다양한 방법을 사용할 수 있습니다.
- **심리적 재평가하기:** 문제를 분석하고 정의한 후, 그 문제를 다른 관점에서 다시 평가해 보는 것이 중요합니다. 이를 통해, 문제를 다시 바라보는 새로운 시각을 얻을 수 있으며, 이를 통해 문제를

해결하는 데 도움이 될 수 있습니다.

- **자기 동기 부여하기**: 셀프통합심리치료를 위해서는 시간과 노력이 많이 들어가는 작업입니다. 이를 위해, 자신에게 필요한 동기부여를 하는 것이 중요합니다. 자신이 얻고자 하는 목표와 이를 달성하기 위한 방법을 구체적으로 계획해 보는 것이 도움이 됩니다.
- **구체적인 계획 수립하기**: 문제를 해결하기 위한 구체적인 계획을 수립하는 것이 중요합니다. 이를 위해, 문제를 해결하는 데 필요한 단계를 나누어 계획을 세워 보고, 이를 일정에 맞추어 실행하는 것이 필요합니다.
- **집중력 관리하기**: 셀프통합심리상담을 진행하는 동안, 집중력을 유지하는 것이 중요합니다. 이를 위해, 심리적인 집중력을 향상시키는 방법을 시도해 보고, 일정한 시간을 정해 두고 진행하는 것이 도움이 됩니다.

5) ne 탓에 대한 이해

100퍼센트 내 탓, 네 탓은 없습니다. 적당한 내 탓과 남 탓은 겸손하다고 느껴질 수 있으며, 남으로부터 내 자신을 보호하는 긍정적인 기능도 있습니다. 하지만 과도한 내 탓과 네 탓은 다음과 같은 결과를 초래합니다.

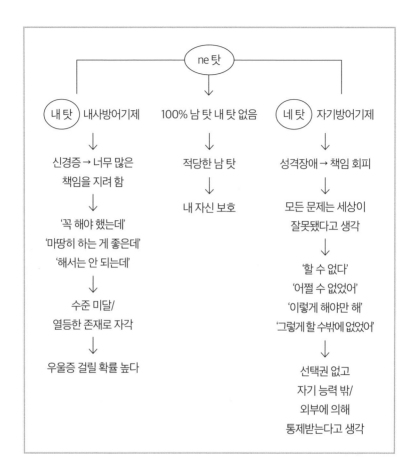

① 내 탓(내사방어기)

"이런 일이 생긴 것은 모두 나 때문이야."

문제가 생기면 모든 것이 자신에게 있다고 생각하는 내사방어기제에서 비롯됩니다. 나와 남을 구별 못 하는 현상으로, 어렸을 때 부모님이 싸우고 나서 어린 나를 혼냈을 때 부모님이 싸운 것조차 내 탓이라고 생각하면서 성인이 되어서 조금이라도 잘못했다고 지적을 당하게 되었을 때 내 잘못이라고 생각하게 됩니다. 그래서 꾸중이나 지적을 당하지 않으려고 남한테는 관대하고 내 자신한테는 인색하게 됩니다. 이러한 증상이 심하면 자기 학대로 이어져 반복적이고 부정적인 생각이 강박적으로 떠오르게 돼서 우울증에 걸릴 확률이 높습니다. 우울증은 단지 우울한 감정이 아닙니다. 감정의 내성이 떨어져 자신이 무엇을 좋아하는지, 무엇을 하고 싶은지 욕구를 느끼지 못하거나 표현을 하지 못하고 자신을 컨트롤할 수 없게 되는 상황이 되는 것입니다.

② 네 탓(자기방어기제)

"이런 일이 생긴 것은 모두 너 때문이야."

문제가 생기면 모든 것이 남의 탓, 세상 탓이라고 생각하는 자기방어기제에서 비롯됩니다. 내가 내 자신이 죽도록 싫어 고통스럽기 때문에 상대방이 싫어한다고 투사하는 현상입니다. 이러한 증상이 심해지게 되면 당연히 져야 할 책임조차 회피하려 하고 자기의 행동이 자신의 능력 밖의 일로 외부의 힘에 의해서 철저하게 통제되고 있다는 생각을 하게 됩니다. 이런 경우는 성격장애로 이어져 치료하기 힘든 경우가 될 수 있습니다.

6) 역기능적 신념의 형태

개인의 사고 패턴과 신념들 중에서 문제를 야기하거나 불안, 우울 등의 심리적 문제를 유발하는 것을 말합니다. 이러한 신념들은 보통 부정적인 방향으로 경험과 상호작용을 해석하고 인식하는 경향이 있습니다. 사람들은 이러한 역기능적 신념에 근거하여 현실을 해석하고 대응하게 됩니다.

역기능적 신념은 주로 다음과 같은 형태를 가집니다.

〈역기능적 신념의 형태〉

- **과도한 일반화(generalization):** 하나의 부정적인 사건이 발생하면 일반적으로 모든 상황에 해당하는 것으로 여기는 경향을 말합니다. 이로 인해 특정한 부정적 경험으로부터 다른 상황들도 부정적인 결과를 초래할 수 있습니다.
- **이분법적 사고:** 모든 상황을 두 가지 극단적인 결과로만 본다는 경향을 말합니다. 예를 들어, 모든 일이 완벽하거나 아니면, 형편없거나, 내 맘에 들면 좋은 사람, 안 들면 나쁜 사람이라고 생각하는 것입니다.
- **개인화(Personalization):** 자신이나 자신의 행동에 비해 외부 사건이나 타인의 행동을 너무 개인적으로 해석하는 경향입니다. 모든 것을 자신 때문이라고 느끼게 되어 자책감이나 무기력함을 느낄 수 있습니다.
- **예언적 사고(Fortune Telling):** 미래에 대해 부정적인 결과를 미리 예측하고, 그것이 반드시 일어날 것이라고 믿는 경향을 말합니다. 예측된 부정적 결과 때문에 현재의 선택이나 행동을 미루는 경우가 발생할 수 있습니다.

이러한 역기능적 신념은 개인의 자아 개념과 자기 존중감을 흔들고, 부정적 감정과 행동으로 이어지는 사이클을 형성할 수 있습니다. 따라서 역기능적 신념을 인식하고 이를 극복하고 긍정적인 신념으로 대체하는 것이 개인의 심리적 웰빙과 성장을 도모하는 데 중요한 요소가 됩니다.

2. ne 탓을 하게 되는 이유

1) 신경과학과 심리학

신경과학은 사람의 감정과 행위의 생물학적 근거를 통해 뇌를 연구하는 학문입니다. 인간의 정신적인 현상과 행동을 이해하려는 학문 분야로써 뇌의 활동과 심리적인 현상 사이의 관련성을 밝히고 있으며 마음과 뇌를 통합한다는 현대적 견해입니다.

뇌과학은 계속해서 연구가 진행되고 있으며, 뇌의 구조와 기능, 인지, 감정, 의식 등의 연구 결과는 심리학 분야에서 이론과 가설의 발전에 큰 도움을 주고 있습니다. 이러한 연구들은 우리가 인간의 정신과 행동을 더 깊이 이해하고, 심리적인 문제의 원인과 대처 방법을 찾는데 도움을 줍니다.

① 뇌와 심리의 관련성을 다루는 저서

『The Brain and the Meaning of Life』- Paul Thagard

폴 타가드의 저술로, 뇌과학과 심리학의 관점에서 인간의 삶과 의미에 대해 다룹니다. 뇌의 작용과 인지, 감정, 의식, 의미 등을 다각도로 이해하고자 하는 내용을 담고 있습니다.

『The Tell-Tale Brain: A Neuroscientist's Quest for What Makes Us Human』- V.S. Ramachandran

V.S. 라마찬드란의 저술로, 뇌과학과 심리학의 관점에서 인간의 정신과 행동을 다룹니다. 뇌의 기능과 장애, 신경학적인 현상들을 통해 우리가 어떻게 인간이 되는지에 대해 설명합니다.

『Descartes' Error: Emotion, Reason, and the Human Brain』- Antonio Damasio

안토니오 다마시오의 저술로, 감정과 이성, 그리고 뇌의 상호작용을 다룹니다. 감정과 의사 결정, 뇌 손상과 인지 기능에 대한 심층적인 내용을 담고 있습니다.

『The Feeling of What Happens: Body and Emotion in the Making of Consciousness』- Antonio Damasio

안토니오 다마시오의 또 다른 저술로, 의식과 뇌의 상호작용을 탐구합니다. 뇌의 기능과 신체, 감정, 의식의 관계에 대한 개념을 다룹니다.

『Musicophilia: Tales of Music and the Brain』- Oliver Sacks

올리버 삭스의 저술로, 음악과 뇌의 관계에 대해 다룹니다. 음악이 뇌에 어떻게 영향을 미치며, 음악이 감정, 기억, 정신 건강 등에 어떤 역할을 하는지에 대해 이야기합니다.

Pessoa L., 2008, 「On the relationship between emotion and cognition. Nature Reviews Neuroscience」 9(2), 148-158.

이 논문은 감정과 인지의 관계에 대해 다루고 있으며, 뇌의 구조와 기능을 바탕으로 감정과 인지가 상호작용하는 방식을 설명합니다.

『Descartes' Error: Emotion, Reason, and the Human Brain』 - Damasio A. R. Putnam Publishing

이 책에서 뇌의 구조와 기능을 바탕으로 감정과 이성의 관계를 논의하고 있으며, 심리적인 현상과 뇌의 상호작용에 대한 예시와 설명을 제시합니다.

Kosslyn S. M., Ganis G. & Thompson W. L. 2001, 「Neural foundations of imagery」 Nature Reviews Neuroscience, 2(9), 635-642.

이 논문은 상상력과 뇌의 관련성을 다루고 있으며, 뇌의 이미지 처리 과정과 심리적인 현상 사이의 관련성을 설명합니다.

『Cognition, brain, and consciousness: Introduction to cognitive neuroscience』 - Baars B. J. & Gage N. M., 2010, Academic Press

이 책은 인지, 뇌, 의식의 관계에 대해 다루고 있으며, 뇌의 활동과 인지적인 현상 사이의 상호작용을 설명하고 이해하는 데 초점을 맞추고 있습니다.

『뇌, 이성, 그리고 열정』 - 김진석

김진석 박사의 저술로, 뇌과학과 인지과학의 관점에서 인간의 이성과 열정에 대해 다룹니다. 뇌의 작용과 행동, 의사결정에 대한 이해를 통해 열정적인 삶을 살아가는 방법을 제시합니다.

『Seven And A Half Lessons About The Brain』 - 리사 펠드먼 배럿(Lisa Feldman Barrett)

뇌에 대한 일련의 간결하고 재미있는 에세이로, 뇌의 내부 작동 방식과 그것이 어떻게 우리의 감정, 행동, 그리고 관계에 영향을 미치는지에 대한 설명을 제공합니다. 이 책에서 배럿은 뇌가 생각을 위한 것이 아니라 몸을 제어하고 생존을 위해 효율적인 움직임을 만들기 위해 에너지를 예측하는 것이 뇌의 가장 중요한 역할이라고 주장합니다. 또한 그녀는 우리가 하나의 뇌를 가지고 있으며, 이것은 네트워크로서 작동하며, 좌뇌와 우뇌가 각각 논리와 창조성을 담당하는 것이 아니라는 점을 강조합니다. 이 책은 우리가 어떻게 마음의 평온함과 균형을 유지하면서 삶의 도전을 극복할 수 있는지에 대한 심도 있는 이해를 제공합니다. 이를 통해 우리는 삶의 질을 향상시키고, 건강을 유지하며, 개인적이고 전문적인 성공을 달성할 수 있습니다.

『내면소통(김주환)』[13]에서는 우리의 삶을 변화시키는 핵심적인 소통

---

13)   김주환, 『내면소통』 서울: 인플루엔셜, 2023.

을 나와 나 사이의 소통, 즉 내면소통이라고 설명하고 있습니다. 이 책의 주요 내용은 다음과 같습니다.

〈내면소통 주요 내용〉

- 마음근력 훈련이 필요한 이유: 현대 사회에서 우리가 자주 무시하거나 간과하는 내면의 목소리와 소통하는 방법에 대해 깊게 다룹니다.
- 뇌는 생존하기 위해 세상을 왜곡한다: 뇌는 신체 감각 기관을 통해 전달되는 여러 감각 정보에 대해 나름의 추론을 통해 의미 부여를 합니다.
- 원시인의 뇌로 살아가는 현대인: 현대인이 원시인의 뇌로 살아가면서 부딪히는 가장 큰 문제는 위기 상황에 대한 반응 방식에서 일어납니다.
- 두려움: 뇌가 비상사태에 대처하는 방식입니다.
- 편도체: 뇌의 변연계 깊숙한 곳에 자리 잡고 있는 기관으로, 두려움을 느끼는 데 핵심 역할을 합니다.
- 생존을 위한 뇌의 반응: 뇌는 생존을 위해 두려움을 느끼게 하는 편도체를 활성화시킵니다. 이는 우리가 위험한 상황에서 빠르게 반응할 수 있게 돕습니다.
- 스트레스와 건강: 스트레스는 우리의 건강에 큰 영향을 미칩니다. 특히, 장기적인 스트레스는 면역 체계를 약화시키고, 심장병, 당뇨병 등의 질병을 유발할 수 있습니다.
- 마음의 명상: 명상은 우리가 스트레스와 불안을 관리하고, 마음의 평온함을 유지하는 데 도움이 됩니다. 이 책에서는 다양한 명상 기법을 소개하고 있습니다.
- 마음의 힘: 마음의 힘은 우리가 삶의 도전과 변화를 극복하는 데 중요한 역할을 합니다. 이 책에서는 마음의 힘을 키우는 방법에 대해 자세히 설명하고 있습니다.

이러한 저서들은 뇌과학과 심리학의 관점에서 뇌와 인간 행동, 의식, 감정, 의미 등의 관련성을 다루고 있습니다. 각 저자의 시각과 연구 결과를 통해 뇌와 심리의 상호작용을 설명하고 있습니다.

② 20C 중반 이전의 뇌과학과 심리학의 관계

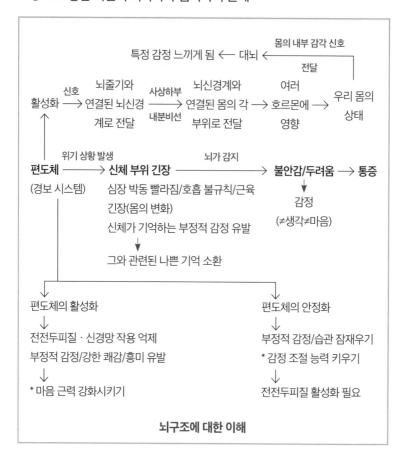

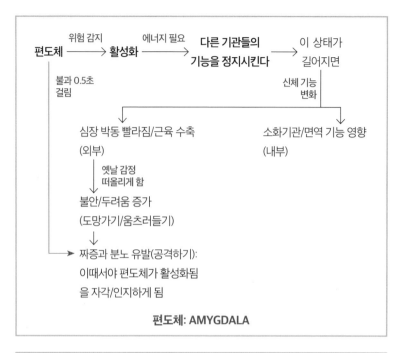

편도체: AMYGDALA

감정 전달 체계

우리 몸에 위험 신호가 발생하면 경보 시스템인 편도체가 활성화됩니다. 그러면 우리의 모든 신체 부위는 긴장하게 되고, 심장 박동이 빨라지거나 호흡도 불규칙해집니다. 이러한 몸의 신호를 뇌가 감지하게 되면 우리는 그때서야 두려움이나 불안한 감정을 느끼게 되는 것입니다. 이 감정에 의해서 우리는 신경증이나 성격장애, 신체적 통증과 같은 증상을 보이게 됩니다. 그러므로 우리의 감정을 다스리기 위해서는 편도체 활성화를 막고 안정될 수 있도록 해야 합니다.

편도체는 심리학적인 관점에서 감정과 기억, 주의력과 집중력, 인지 기능 등에 관련된 중요한 역할과 기능을 수행합니다.

〈편도체의 주요 기능〉

- 기억과 학습: 편도체는 기억과 학습과 관련된 기능을 담당합니다. 기억은 과거의 경험과 정보를 인식하고 보존하는 능력을 의미하며, 학습은 새로운 지식과 기술을 습득하는 과정을 말합니다. 편도체는 기억을 저장하고 인출하는 과정에 관여하여 학습과 기억을 지원합니다.
- 감정 조절: 편도체는 감정 조절에 중요한 역할을 합니다. 감정은 우리의 경험과 인지에 대한 반응으로서, 편도체는 감정을 조절하고 조절하는 데 관여하여 적절한 감정 표현과 감정 조절 전략을 개발하는 데 도움을 줍니다.
- 주의력과 집중력: 편도체는 주의력과 집중력을 유지하고 개선하는 데에도 관여합니다. 주의력은 우리가 특정한 대상이나 활동에 주목하고 집중하는 능력을 말하며, 집중력은 주의를 지속적으로 유지하는 능력을 의미합니다. 편도체는 주의력과 집중력을 조절하여 우리가 원하는 대상에 집중할 수 있도록 도와줍니다.

- 인지 기능: 편도체는 인지 기능을 관리합니다. 인지 기능은 정보를 처리하고 해석하며, 문제 해결, 추론, 의사 결정 등을 수행하는 능력을 말합니다. 편도체는 인지 기능을 조절하고 유지하는 데에 영향을 미치며, 인지적 유연성과 문제 해결 능력을 개발하는 데 도움을 줍니다.

결국 편도체의 안정화와 나의 감정과 생각을 바꾸기 위해서는 몸을 통해야 합니다. '나는 할 수 있다.', '나는 변할 거야.'라는 마인드 컨트롤만으로는 아무것도 바뀌지 않습니다.

편도체 안정화를 위해 몸을 통해서 할 수 있는 방법으로는 명상이나 소매틱 운동, 전전두피질을 강화하는 방법들이 있습니다.

전전두피질은 심리학적인 관점에서 인지 제어, 주의력, 추론, 판단, 문제 해결, 의사 결정 등 고차원의 인지 기능을 조절하는 뇌의 일부분입니다.

〈전전두피질의 기능과 역할〉

- 인지 제어: 전전두피질은 인지적인 제어를 담당합니다. 인지 제어는 주의력, 집중력, 작업 기억, 정보 처리 등을 포함하며, 이를 통해 우리는 자극에 대해 주목하고, 정보를 처리하고, 목표를 설정하며, 목표를 달성하기 위한 계획을 세울 수 있습니다.
- 주의력과 집중력: 전전두피질은 주의력과 집중력을 조절하는 데 중요한 역

할을 합니다. 주의력은 우리가 특정 자극에 집중하고 다른 자극들을 무시하는 능력을 말하며, 집중력은 주어진 작업이나 활동에 대한 지속적인 집중을 의미합니다.

- 추론과 판단: 전전두피질은 추론과 판단 능력을 조절합니다. 추론은 주어진 정보와 이전 지식을 결합하여 새로운 정보를 도출하는 능력을 말하며, 판단은 다양한 대안을 고려하여 최적의 결정을 내리는 과정을 의미합니다.
- 문제 해결과 의사 결정: 전전두피질은 문제 해결과 의사 결정 과정을 지원합니다. 문제 해결은 복잡한 상황에서 목표를 달성하기 위해 전략을 세우고 실행하는 과정을 말하며, 의사 결정은 다양한 대안을 고려하고 최선의 선택을 하는 과정을 의미합니다.
- 사회 인식과 이해: 전전두피질은 사회적 상호작용과 사회적 상황을 이해하는 데에도 기여합니다. 사회 인식은 다른 사람의 의도, 감정, 동기를 이해하고 다른 사람과의 관계를 조절하는 능력을 말하며, 사회적 상황을 이해함으로써 적절한 대처 방법을 선택할 수 있습니다.

전전두피질은 인지적인 능력과 기능을 조절하는 데 중요한 역할을 합니다. 이를 통해 우리는 자신의 행동을 조절하고 환경과 상호작용하며, 문제 해결과 의사 결정을 수행하는 등 복잡한 인지적인 과정을 가능하게 합니다. 마음을 집중시키고 긍정적인 태도를 강화하는 방법을 포함하여 다음과 같은 방법들을 취할 수 있습니다.

〈전전두피질을 활성화시키는 방법〉

- 편안한 자세: 편안한 자세로 앉아 둡니다. 등을 곧게 펴고 몸을 편안하게 느

끼도록 자세를 잡습니다. 이때 편한 자세를 유지하는 것이 중요합니다.

- 호흡에 집중: 깊게 숨을 들이마시고 천천히 내쉬는 것을 시작합니다. 호흡에 집중하며 마음을 진정시킵니다. 숨을 들이마실 때 전전두피질에 에너지와 혈류가 흐를 것이라는 상상을 해 봅니다.
- 긍정적인 자기 대화: 전전두피질의 활성화를 도모하기 위해 긍정적인 자기 대화를 합니다. 마음속으로 "나는 능력 있고 창의적이다."와 같은 긍정적인 말을 반복합니다. 이를 통해 자신감과 긍정적인 태도를 강화시킬 수 있습니다.
- 시각화: 전전두피질이 활성화되는 모습을 상상합니다. 상상 속에서 전전두피질이 빛나는 화려한 색으로 둘러싸인 모습이나 활발하게 작동하는 모습을 상상해 봅니다. 이를 통해 마음과 상상력을 활용하여 전전두피질을 활성화시킬 수 있습니다.
- 자기 선언문: 긍정적인 자기 선언문을 만들어 말하거나 속으로 반복합니다. 예를 들어, "전전두피질이 활발히 작동하여 나의 능력을 극대화시킨다."와 같은 문구를 사용할 수 있습니다. 이를 통해 명확하고 강력한 의도를 전달하여 전전두피질을 활성화시킬 수 있습니다.
- 주의력 훈련: 주의력을 강화하기 위해 명상이나 집중력 훈련을 실시합니다. 마음이 흩어지지 않도록 주의를 집중시키고, 전전두피질의 활성화에 집중합니다. 천천히 시작하여 점차적으로 시간을 늘려나갑니다.
- 새로운 도전과 학습: 뇌를 활발하게 유지하고, 건강한 식습관과 충분한 수면을 유지하는 것도 중요합니다.

전전두피질을 활성화시키는 방법은 각각의 단계에서 개인에게 가장 효과적인 방법을 찾아 진행하며, 일상생활에 지속적으로 통합시키는 것이 중요합니다.

③ 20C 중반 이후의 뇌과학과 심리학의 관계

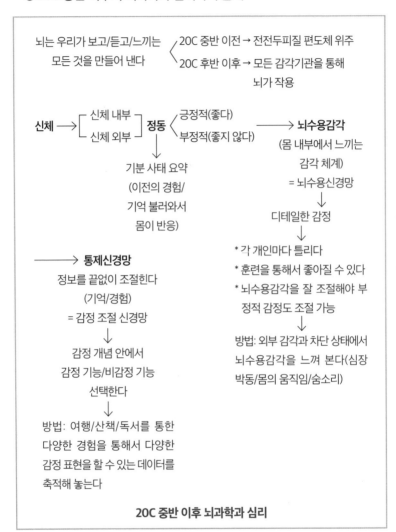

뇌는 우리가 보고/듣고/느끼는
모든 것을 만들어 낸다

20C 중반 이전 → 전전두피질 편도체 위주
20C 후반 이후 → 모든 감각기관을 통해
　　　　　　　　　뇌가 작용

신체 → ┌ 신체 내부 ┐ 정동 < 긍정적(좋다)
　　　 └ 신체 외부 ┘　　　　부정적(좋지 않다)　→ 뇌수용감각
　　　　　　　　　　↓　　　　　　　　　　　　(몸 내부에서 느끼는
　　　　　　　　기분 사태 요약　　　　　　　　　감각 체계)
　　　　　　　　(이전의 경험/　　　　　　　　= 뇌수용신경망
　　　　　　　　기억 불러와서　　　　　　　　　　↓
　　　　　　　　몸이 반응)　　　　　　　　　디테일한 감정
　　　　　　　　　　　　　　　　　　　　　　　　↓
　　　──→ 통제신경망　　　　　　　　* 가 개인마다 틀리다
　　　정보를 끝없이 조절힌다　　　　　* 훈련을 통해서 좋아질 수 있다
　　　　(기억/경험)　　　　　　　　　* 뇌수용감각을 잘 조절해야 부
　　　= 감정 조절 신경망　　　　　　　　정적 감정도 조절 가능
　　　　　　↓　　　　　　　　　　　　　　↓
　　　감정 개념 안에서　　　　　　　　방법: 외부 감각과 차단 상태에서
　　　감정 기능/비감정 기능　　　　　　뇌수용감각을 느껴 본다(심장
　　　　선택한다　　　　　　　　　　박동/몸의 움직임/숨소리)
　　　　　　↓
방법: 여행/산책/독서를 통한
다양한 경험을 통해서 다양한
감정 표현을 할 수 있는 데이터를
축적해 놓는다

20C 중반 이후 뇌과학과 심리

20C 중반 이전과 다른 점은 편도체가 활성화되지 않도록 하기 위해서 전전두피질을 강화하는 방법만으로는 우리의 감정을 조절할 수 없다는 것입니다. 왜냐하면 나쁜 감정은 편도체뿐만이 아니라 신체의 다양한 곳(내·외 수용감각기관)을 통해서 작용한다는 관점입니다.

우리는 신체의 내부와 외부의 모든 감각기관을 통해서 받아들이는 정보에 대해서 이전의 경험과 기억을 불러와서 몸이 어떻게 반응하는가(정동)에 따라서 기분 상태를 요약하는 과정을 거치게 됩니다. 그리고 나서 뇌수용감각(=뇌수용신경망)에서는 디테일한 감정을 결정하고 통제신경망(감정조절신경망)에서 최종적으로 감정인지 감정이 아닌지를 선택하게 됩니다. 그러므로 20C 중반 이전에서 편도체 안정화만이 감정을 조절할 수 있는 유일한 방법이라는 관점이 아닌 신체의 모든 감각기관을 통해 감정이 결정되기 때문에 나의 신체 모든 감각에 대해서 내 스스로 느끼고 관리하고 통제하는 것이 감정 조절의 핵심이며, 그러기 위해서는 명상을 통한 나의 신체 감각들을 익히고, 운동, 여행, 산책, 독서와 같은 다양한 경험을 통해서 감정도 다양하게 표현할 수 있는 데이터들을 축적해야만 합니다. 반면, 20C 전·후반의 감정에 대한 정의를 살펴봤을 때의 공통점은 몸은 나의 생각을 결정하며, 심리(감정)와 행동에도 영향을 미친다는 것입니다. 결국 내 몸에 이미 억압된 상처가 있거나, 현재 나의 몸을 통해서 어떤 일이 일어나고 있기 때문에 나의 생각과 감정은 작동하고 있다는 것입니다.

2) 감정에 대한 이해

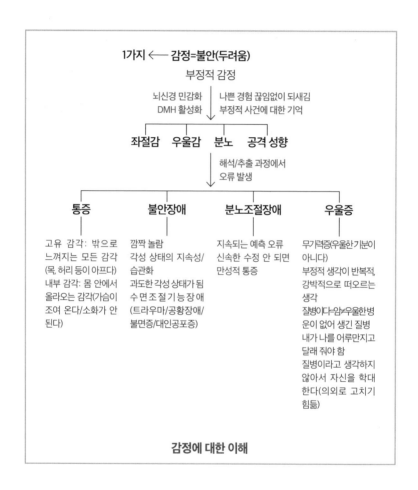

감정에 대한 이해

① 감정

감정은 인간이나 동물이 특정 상황이나 자극에 대해 생리적, 심리적으로 반응하는 내부적인 상태를 나타냅니다. 감정은 생존과 움직임을 조절하며, 인간의 행동과 판단에 영향을 미치는 중요한 역할과 주관적 경험으로서, 그 사람의 인지, 정서, 생각, 신체적 반응 등과 결합되어 느껴집니다.

감정은 신체적인 변화와 관련이 있습니다. 심박수, 호흡, 호르몬 분비 등의 생리적 변화가 감정과 연관되어 있습니다. 또한 감정은 특정 상황이나 자극에 대한 정서적인 의미를 전달합니다. 이는 개인의 가치, 목표, 경험 등과 연관되어 다양하게 나타납니다.

감정은 개인의 행동을 조절하고 결정하는 데 영향을 미칩니다. 예를 들어, 두려움을 느낄 때는 위험한 상황을 피하려고 노력할 수 있습니다. 사회적 맥락에서도 사회 상호작용, 의사소통, 관계 형성 등에서 중요한 역할을 합니다.

감정에 대한 연구와 책으로는 다음과 같습니다.

『Emotion: Theory, Research, and Experience(감정: 이론, 연구, 경험)』- Richard J. Davidson, Sharon L. Goldsmith, Kate C. MacLean 등

이 책은 감정의 이론, 연구, 뇌과학적 관점 등 다양한 측면을 다루고 있어 감정에 대한 종합적인 이해를 제공합니다.

『The Psychology of Emotion: From Everyday Life to Theory』(감정의 심리학: 일상생활부터 이론까지) - Kenneth T. Strongman

이 책은 감정의 다양한 측면을 다루며, 일상생활에서부터 이론적인 측면까지 다양한 주제를 다루고 있습니다.

『Emotions Revealed: Recognizing Faces and Feelings to Improve Communication and Emotional Life』(감정 해석: 얼굴과 감정을 인식하여 의사소통과 감정생활 향상하기) - Paul Ekman

이 책은 얼굴 표정을 통해 감정을 해석하는 방법과 감정 관리에 대한 실용적인 정보를 제공합니다.

『The Emotional Brain: The Mysterious Underpinnings of Emotional Life』(감정 뇌: 감정생활의 신비로운 기반) - Joseph E. LeDoux

이 책은 감정의 뇌과학적 기반을 설명하며, 감정과 뇌의 관계에 대한 깊은 이해를 제공합니다.

『Emotional Intelligence: Why It Can Matter More Than IQ』(감정 지능: 지능보다 더 중요할 수 있는 이유) - Daniel Goleman

이 책은 감정 지능의 중요성을 강조하며, 감정 지능의 개념과 실생활에서의 응용에 대해 다룹니다.

『The Book of Human Emotions: An Encyclopedia of Feeling from Anger to Wanderlust』(인간 감정의 서재: 분노에서 여행 열망까지의 감

정 백과사전) - Tiffany Watt Smith

이 책은 다양한 감정에 대한 역사, 문화적 의미, 심리학적 관점 등을 소개하여 감정의 다양한 면을 다루고 있습니다.

우리는 어떤 현상이나 사건에 대해서 느낀 것을, 마음, 감정, 정서로 표현합니다. 제임스 랑게의 심리학적인 이론에 의하면 외부 자극에 의해서 신체가 반응을 일으키고 뇌의 해석을 통해서 우리가 '감정'을 느끼게 된다고 합니다. 이러한 감정은 기쁘다, 슬프다, 우울하다, 행복하다라고 표현되지만 그 실체는 단 하나, 두려움(분노)입니다. 우리에게 보이는 빛은 한 가지입니다. 하지만 빛을 스텍트럼을 통과시키면 빨, 주, 노, 초, 무지갯빛의 다양한 색으로 나타나는데 이것은 불안함이라는 감정을 빛처럼 스펙트럼에 통과시켰을 때 다양한 감정의 형태로 나타나는 것입니다. 이 감정이 개개인의 성향, 자라 온 환경과 현재 처해 있는 환경과 모호하게 만나게 되면 좌절감, 분노, 우울감, 공격적인 성향, 트라우마, 공황장애, 불면증, 대인공포증까지 다양한 형태로 나타납니다.

<중독>

갈망 ──────채워지지 않을 때──────→ 중독
        애착/사랑 결핍

<우울증>

자기 조절 ──→ 상처 담아 ──→ 슬픔을 ──→ 내성 떨어짐 ──→ 우울증
결핍   두면   표현 못함   욕구를 표현 못 함
                                                      욕구를 느끼지 못함

② 감정이 만들어 낸 파생 상품

〈감정의 파생 상품〉

- 우울증: 나의 한계를 마주했을 때 나의 무의식에서 예전에 그랬던 것처럼 더 이상 이 상황을 유지하거나 버틸 수가 없다고 생각합니다. 그래서 무기력증이 오고 반복적, 강박적인 부정적인 생각으로 자신을 학대하게 됩니다. 이러한 우울증은 세로토닌, 노르에피네프린, 도파민, 옥시토신, 가바, 멜라토닌, 엔도르핀, 엔도카나비노이드와 같은 다양한 신경전달물질들이 우울증의 각각 다른 증상들에 영향을 미칩니다. 결국 자기를 조절할 수 없는 상태인 자기 조절 결핍으로 진행되어, 상처가 있을 때마다 그것을 담아 두고, 슬플 때 그것을 표현하지 못하거나 해소하지 못하면 몸의 내성은 계속 떨어지게 됩니다. 결국 내 자신의 욕구를 표현 못 하게 되고 느끼지도 못합니다. 이러한 우울증은 감정 내성이 떨어져서 자기조절을 하기 힘들어집니다.
- 중독: 게임 중독, 물건 사는 중독, 도박, 마약 중독처럼 한 가지에 빠지는 증상으로 내 안의 채워지지 않은 욕구들이 잘못된 갈망, 욕망을 만났을 때 나타나

는 현상입니다. 갈망하는 것이 많을수록 중독에 빠지기 쉽습니다. 중독은 영양 결핍처럼 애정과 사랑의 결핍에서 비롯됩니다. 결핍을 해결하기 위해서는 각자의 건강 상태에 따라서 영양제의 양을 다르게 투여하는데 결핍에 대한 기준도 개개인마다 정도가 다를 것입니다. 중독에 가장 효과적인 영양제는 즐거움을 느낄 수 있는 다양한 자극입니다.

- 분노조절장애: 유전적 요인인 요인으로 가족 구성원 중 분노조절장애를 가진 사람들은 더 높은 위험을 가질 수 있습니다. 유전자와 관련된 뇌 활동 또는 감정 조절 관련 유전자의 변이는 개인의 분노 조절 능력에 영향을 줄 수 있습니다. 또한 어린 시기에 대인 관계의 어려움, 가정 폭력, 학대와 같은 트라우마가 분노조절장애의 발생과 관련이 있을 수 있습니다. 이러한 경험들은 감정적인 안전을 해칠 수 있고, 적응적인 감정 조절 방법을 개발하는 데 어려움을 줄 수 있습니다. 과도한 스트레스, 업무 압박, 대인 관계의 충돌 등은 개인의 분노 조절 능력에 영향을 미칠 수 있습니다. 스트레스에 노출된 상태에서는 정상적인 감정 조절이 어려워질 수 있으며, 이로 인해 분노조절장애의 발생 가능성이 높아집니다.

지금 살펴본 우울증과 중독, 분노조절장애와 같은 증상들로 신체 감각에 이상이 생기게 되면, 몸이 보내는 신호를 제대로 알아채지 못하게 되고 결국 내가 무엇을 원하는지, 어디가 좋지 않은지 모를 뿐만 아니라 충족되지 않은 욕구 상태에서 안 좋은 상황과 만나게 되면 정신질환과 성격장애 증상으로 발전하게 됩니다. 그렇기 때문에 감정에 대한 정확한 이해는 심리치료에 매우 중요하다고 할 수 있습니다.

3) 트라우마와 스트레스장애

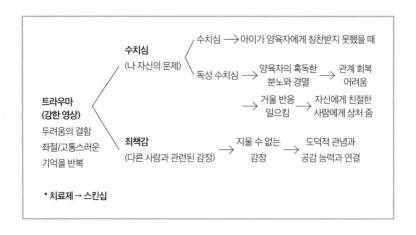

트라우마(Trauma)는 뇌에 생긴 지워지지 않는 상처입니다. 일상적인 경험과는 다르게 갑작스러운 충격이나 극심한 고통을 초래하는 사건을 의미합니다. 이러한 사건은 개인의 정서적, 신체적, 심리적 건강에 부정적인 영향을 미칠 수 있으며 여러 종류가 있습니다. 이하 간단한 설명과 함께 주요 증상을 소개하겠습니다.

〈트라우마의 주요 증상〉

- 직접적 트라우마(Direct Trauma): 개인이 직접 경험한 사건으로, 대표적으로 자연재해, 사고, 성폭력, 전투 등이 있습니다.

- 간접적 트라우마(Indirect Trauma): 개인이 직접 경험하지는 않았지만, 다른 사람의 트라우마나 사건에 간접적으로 노출된 경우입니다. 대표적으로는 재난, 폭력적인 미디어 콘텐츠, 가정 내 폭력 등이 있습니다.
- 쇼크 트라우마(Shock Trauma): 갑작스러운 충격적 사건으로 인해 일시적으로 생기는 트라우마입니다. 대표적으로는 사고, 자연재해, 성폭력, 폭력 등이 있습니다. 이러한 사건으로 인해, 개인은 감정적인 충격을 받고, 긴장하며, 고통스러운 기억을 가지게 됩니다. 쇼크 트라우마는 일반적으로 즉각적인 심리치료를 통해 처리할 수 있습니다.
- 발달 트라우마(Developmental Trauma): 어린 시절에 장기적으로 반복되는 정서적, 신체적, 성적, 인터퍼스 등의 외상적 경험으로 인해 생기는 트라우마입니다. 발달기에 있어서 이러한 경험은 개인의 인지, 신체적, 정서적 발달에 영향을 미치며, 건강한 대인관계 형성에도 부정적인 영향을 끼칩니다. 발달 트라우마는 성인이 되어도 영향을 끼칠 수 있으며, 일반적으로 적극적인 심리치료를 통해 처리할 수 있습니다.

트라우마로 인한 증상으로는 외상에 대한 지속적인 재체험으로 인해서 악몽, 일상적인 생각이나 기억, 과도한 감정 상태에 이르게 되고, 피하 증상으로 외상적인 상황에서 떠나고 싶어 하는 강한 욕구, 적대감, 두려움, 자극적인 요소를 피하거나 회피하는 경향이 나타납니다.

과도한 긴장과 혼란으로 인해서 긴장, 불안, 공포, 집중력과 기억력 저하, 불면증, 집중력 문제가 발생하며, 자기 능력과 자신감에 대한 감소, 무기력, 외로움, 충동적인 행동, 화내기 쉬움, 기분 변동과 같은 기분 변화 같은 증상들이 나타납니다.

트라우마가 발생했을 때, 뇌의 생존을 위한 방어 반응으로 '스트레스 반응'이 일어납니다. 이 반응은 체내의 호르몬인 에피네프린, 노르에피네프린, 코르티졸 등이 분비되어 혈압과 심박 수를 높이며, 체내의 에너지를 고갈되게 만듭니다. 이러한 생존 반응은 주로 대사가 빨라지는 대사성 반응과, 수축성 반응, 제물성 반응들이 나타납니다.

트라우마 관련 정보가 뇌에서 인지되면, 뇌의 기본 기능인 '기억과 학습'이 작용합니다. 뇌는 이러한 트라우마와 관련된 정보를 저장하고, 다시 불러올 때 또다시 스트레스 반응을 유발합니다. 이러한 반복적인 스트레스 반응은 뇌 구조와 활동에 영향을 미치고, 결국 트라우마가 생긴 이후에는 외상후스트레스장애(PTSD)와 같은 정신질환이 발생할 수 있습니다. 스트레스 장애의 종류에는 외상후스트레스장애(Posttraumatic Stress Disorder, PTSD)[14]로 대개 심한 외상 경험으로 인해 발생하며, 주로 심리적 증상이 나타납니다. 특히, 외상적 사건이나 특정 장소, 물건, 인물 등과 관련된 것을 보거나 듣거나 기억하거나 상기할 때 불안, 공포, 극도의 불안정 등의 증상이 나타나는 것이 특징입니다. 또 하나는 복합 외상후스트레스장애(Complex PTSD, C-PTSD)[15]로 지속적인 외상이나 집단적 외상(예: 가정 폭력, 성폭력, 전쟁, 강제 노동 등)으로 인해 발생하는 PTSD와 유사한 증상이지만, PTSD보다 심

---

14) 김래선, 「외상후스트레스장애 증상의 구조」 국내석사학위논문 가톨릭대학교 대학원, 2007, 경기도.

15) 이정민, 2020, 「복합 PTSD의 상담 및 심리 치료: 단계 기반 접근을 중심으로」 한국심리학회지: 일반, 39(2), 307-333.

한 증상이 보이는 경우입니다. 예를 들어, 자기 자신이나 타인에 대한 부정적인 인식, 강박 관념, 분노 등의 감정적 반응, 자가 상처 행동 등이 나타납니다. 트라우마는 우리의 뇌, 머릿속에 남겨지는 상처라는 점을 잊지 말고 반드시 초기에 치료하는 것이 매우 중요합니다.

4) 저항

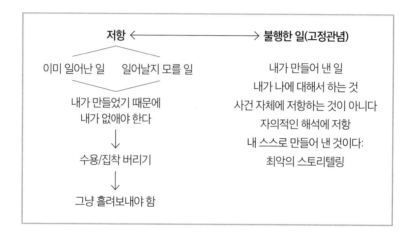

저항은 개인의 행동, 생각, 감정을 변화하려는 시도나 심리적 처리에 반발하거나 방해하는 현상을 나타냅니다. 저항은 주로 심리치료, 상담, 자기계발 등의 과정에서 나타나며, 변화나 성장을 어렵게 만들 수 있는 요인입니다.

심리치료 과정에서의 보이는 저항은 환자가 내면의 감정, 생각, 경험을 탐구하거나 변화를 추구하는 심리치료 과정에서, 환자가 자신의 무의식적인 감정을 더 이상 느끼거나 표현하지 않으려는 반응이나 방해를 나타낼 수 있습니다.

자기계발에서 보이는 저항은 개인이 자신의 행동이나 생활 방식을 개선하거나 변화하려고 할 때, 과거의 습관이나 정체성에 대한 불안감으로 인해 저항이 발생할 수 있습니다. 이는 새로운 습관 형성이나 자기계발 과정을 방해하는 역할을 할 수 있습니다.

감정적인 면에서의 저항은 개인이 불편한 감정이나 기억을 무시하거나 회피함으로써 감정적인 저항을 나타낼 수 있습니다. 이는 감정을 직면하고 처리하는 것이 어려울 때 나타날 수 있습니다.

자아 방어를 위한 저항은 개인이 자아를 보호하려고 강력하게 저항하는 경우도 있습니다. 이는 자아에 대한 위협을 피하려는 자아 방어 메커니즘의 일환일 수 있습니다.

저항은 변화와 성장을 어렵게 만들 수 있지만, 이를 인식하고 처리하는 과정은 개인의 본질적인 이해와 변화를 돕는 중요한 단계입니다. 그만큼 심리학자들도 저항에 대한 연구를 많이 하였습니다.

지그문트 프로이트(Sigmund Freud)는 방어 기제(defense mechanisms)에 대한 연구를 통해 저항의 개념을 다루었습니다. 그의 대표적인 저서인 『정신분석학 입문(Introduction to Psychoanalysis)』에서는 방어 기제들을 상세하게 다루며, 이들이 어떻게 저항을 형성하고 표현하는지에 대해 설명하고 있습니다.

칼 로젠즈바움(Carl Rogers)는 '비방어적 의사소통(non-defensive communication)'이라는 개념을 통해 저항에 대한 관점을 제시했습니다. 그는 환자와 상담사 사이의 비방어적인 대화와 신뢰 확립이 저항을 해소하는 데 중요하다고 주장했습니다.『대인간 심리치료(Client-Centered Therapy)』와『대인간 관계의 자연사(On Becoming a Person)』는 로젠즈바움의 이론과 관련된 중요한 저서입니다.

메리언 와트스(Marianne Walters)는 심리치료 과정에서 환자의 저항을 다루는 방법에 대해 연구하였습니다.『저항: 과정과 변화(Resistance: The Psychoanalytic Career of a Concept)』라는 책에서 그녀는 저항의 다양한 측면을 다루고, 이를 심리치료 과정에서 어떻게 다룰 수 있는지에 대해 논의하고 있습니다.

로노드 데이비드(Ronald David)는『저항: 심리치료의 실무적 이해(Resistance: A Practical Understanding for the Practitioner)』라는 책에서 저항의 실무적인 측면을 탐구합니다. 이 책은 저항을 이해하고 처리하는 데 도움을 줄 수 있는 실용적인 가이드를 제공합니다.

이 외에도 다양한 심리학자들이 저항과 관련된 주제를 연구하고 이를 다룬 저서를 발표하고 있습니다. 이들의 연구와 이론을 통해 저항의 본질과 해소 방법을 더 깊이 이해하는 데 도움을 받을 수 있습니다.

저항은 나의 고정관념에 의해서 만들어진 스토리텔링입니다. 그 스토리텔링은 이미 일어난 일과 앞으로 일어날 일을 포함합니다. 대부분은 최악의 스토리텔링을 만들어 내기 때문에 단절, 불안, 침묵, 당황의 형태로 나타납니다. 네 탓과 내 탓을 하기도 하며, 피해 의식이나 성격 장애를 가지고 있는 분들이 많습니다.

큰 돌이 나에게 굴러왔을 때 그 돌을 막기 위해서 굴러온 힘과 같은 힘으로 버틴다면 돌은 꼼작도 하지 않고 있겠지만 나는 힘이 점점 빠질 것입니다. 돌을 피하거나 돌이 굴러온 힘보다 더 큰 힘으로 맞서지 않는 한 상황은 바뀌지 않습니다. 나만 힘들 뿐입니다. 저항도 마찬가지입니다. 좋지 않은 상황에 좋지 않은 스토리텔링으로 맞서 저항하는 것은 결국 나만 힘들 뿐입니다.

고객이 문을 열고 들어옵니다. 그 고객은 아직 아무것도 하지 않았는데, 그 고객의 표정이 안 좋아 보여서 왠지 오늘 나한테 한마디 할 것 같다는 생각을 하면서, 이전에 고객이 나한테 했던 안 좋은 기억들까지 떠오릅니다. 고객은 아무런 이유 없이 나의 불친절함에 기분이 상해서 결국 내가 만든 나쁜 스토리대로 상황은 전개됩니다. 저항은 이러한 경로로 우리의 일상에서 자주 일어나고 있습니다.

최악의 스토리가 아닌 긍정적 스토리 혹은 나와 전혀 상관없는 일이라고 생각하는 것이 나도 힘들지 않고, 좋지 않은 상황을 만들지 않거나, 바꿀 수 있습니다. 만약 내가 좋지 않은 고정된 행동 패턴이 있다면 그것은 지금 내가 저항하고 있는 것입니다. 그 패턴들은 익숙하기 때문에 불편하고 힘들어도 쉽게 고치기 어렵습니다. 그렇다고 굴러오는 돌을 언제까지 힘겹게 버티고 있을 건가요? 버티고 있는 것이 힘겹다

고 느껴진다면 그때가 바로 나의 스토리텔링을 긍정적으로 바꾸어야
할 때입니다.

5) 자기조절능력

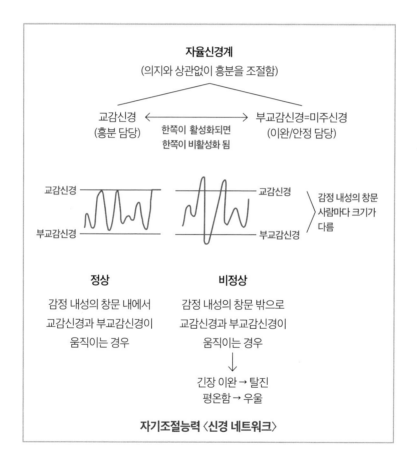

반두라(Albert Bandura)는 자기조절능력을 자신이 목표로 한 것을 이루기 위한 자신의 감정과 생각. 행동을 조절하는 능력이라고 했습니다. 자기조절능력은 자신을 관리할 수 있는 능력입니다. 듀크대학교의 심리학 및 신경과학교수인 테리 모피트(Terrie Moffit)[16]와 애브살롬 카스피(Avshalom Caspi)[17]의 연구 결과에 의하면 자기조절능력은 어릴 때부터 형성되며 어른이 되어서도 영향을 미치게 된다고 합니다. 또한 3세 때 자기조절능력이 뛰어난 아이들이 31세가 되었을 때도 그렇지 못한 사람들에 비해서 더 건강하고 경제적으로 여유로웠으며 범죄율도 낮았습니다.

권준수의 「스트레스와 내적취약성 및 회복탄력성의 상호작용이 정신질환 발병과 예후에 미치는 영향에 대한 통합적 뇌과학 연구 뇌」[18]라는 연구 보고서에서는 자기조절능력은 환경적 스트레스가 높은 상황 속에서 각 개인의 자기조절(self-regulation)의 손상으로 인한 것으로 설명하고 있습니다. 또한 선행 연구를 통해 발굴한 스트레스-내적 취약성-회복 탄력성 관련 여러 생물학적 지표들과 각 개인의 자기조절능

---

16) Moffitt T. E., 1993, 「Adolescence-limited and life-course persistent antisocial behavior: A developmental taxonomy」 Psychol, Rev.200:674-701.

17) Caspi, Avshalom, Brent W. Roberts and Rebecca L. Shiner, 2005, 「Personality development: Stability and change」 Annual Review of Psychology, 56:453-84.

18) 권준수, 2022, 「스트레스와 내적취약성 및 회복탄력성의 상호작용이 정신질환 발병과 예후에 미치는 영향에 대한 통합적 뇌과학 연구 뇌」

력을 포괄하는 정신 기능과의 관련성을 규명하였습니다.

자율신경계에서는 우리의 의지와 상관없이 나의 흥분 상태를 조절합니다. 이러한 자율신경계에는 교감신경과 부교감 신경이 있는데, 우선 교감신경에서는 나의 흥분 상태를 담당합니다.

부교감신경(=미주신경)에서는 나의 기분과 감정의 이완과 안정을 담당합니다. 교감신경과 부교감신경은 한쪽이 활성화되면 다른 한쪽은 비활성화됩니다. 그런데 중요한 것은 이 교감신경과 부교감 신경은 나의 감정내성의 창문이라는 범위 내에서 왔다 갔다 높낮이를 달리합니다.

감정 내성의 창문이란 사람마다 크기가 다르며 감정 내성의 창문 안에서 교감신경과 부교감신경의 높낮이가 움직일 때 사람들은 안정감을 느낄 수 있고 자기 '조절 능력'을 가지고 안정적인 행동을 할 수가 있습니다. 하지만 감성 내성의 창문을 벗어날 정도의 교감신경과 부교감신경의 높낮이를 왔다 갔다 하는 흥분상태가 된다면 자기조절능력에 문제가 생기게 됩니다.

우리가 자기조절능력을 상실하게 된다면 어떻게 될까요? 엔돌핀에 중독된 상태가 되어 버립니다.

엔돌핀은 뇌에서 생성되는 천연 진통제로서 자연적으로 생성되는 것입니다. 이것은 1975년 영국의 애버딘대의 생화학교수 한스 코스터리츠에 의해서 처음 발견되었습니다. 이것은 모르핀보다 200배보다 높은 진통 효과가 있다고 합니다. 그래서 평온함을 지루함으로 해석하며 긴장이 이완되고 탈진 증상이 일어나며 불면장애와 우울증 증상이 나타나게 됩니다.

자기조절능력을 높일 수 있는 방법은 감정이 감성 내성의 창문을 벗어나지 않도록 조절하는 것인데, 감성 내성의 창문은 나의 좋은 경험이나 다양한 경험을 통해서 크기를 넓게 할 수 있다고 합니다. 적어도 300가지 이상의 좋은 경험을 의식적으로 느끼고 뇌에 저장하는 연습을 해야만 행동 패턴을 바꿀 수 있게 됩니다.

좋은 경험을 하기 위해서는 '자기 관찰'이 필요하며 나의 행동이 주변 사람들에게 어떤 영향을 끼치는지, 어떤 이미지를 주는지에 대해서 나의 눈으로 확인하고 직접 몸으로 느끼는 것이 필요합니다. 그리고 내 자신에 대해서 관대함을 갖는 여유를 가져야 합니다.

자기조절능력에 대해서 연구한 학자로, **로이 바우마이스터(Roy F. Baumeister)**는 자기조절능력과 의지력에 대한 연구로 유명한 심리학자입니다. 그의 연구는 의지력의 한계, 자기 조절 불능과 같은 주제를 다루며, 『의지력(Willpower: Rediscovering the Greatest Human Strength)』이라는 책을 통해 자기조절능력과 관련된 연구 내용을 널리 알리기도 했습니다.

월터 미셸(Walter Mischel)은 유명한 '마시멜로 실험'을 통해 자기조절능력과 유예 능력의 중요성을 강조했습니다. 그의 연구는 미래의 보상을 위해 즉각적인 만족을 억제하는 능력과 관련되어 있으며, 이를 '마시멜로 실험(The Marshmallow Test)'으로 잘 알려져 있습니다.

캐롤 딕스(Carol Dweck)는 성장 마인드셋과 고정 마인드셋의 역할을 연구하며, 자기조절능력과 학습에 미치는 영향을 탐구하였습니다. 그녀의 책『성장 마인드셋(Mindset: The New Psychology of Success)』은 이에 대한 중요한 개념과 설명을 제공합니다.

안젤라 덕워스(Angela Duckworth)는 『그릿(Grit: The Power of Passion and Perseverance)』이라는 책을 통해 그릿의 개념을 소개하고, 노력과 인내를 통한 자기조절능력의 역할과 중요성을 강조합니다.

리차드 라이언(Richard M. Ryan) 및 에드워드 디시(Edward L. Deci)는 자기 결정 이론(Self-Determination Theory)을 개발하였으며, 내적 동기와 자기조절능력의 관계를 연구하였습니다. 이들의 연구는 자기조절능력의 개발과 유지에 내적 동기와 목표의 중요성을 강조하였습니다.

자기조절능력을 향상시키기 위해서는 다양한 방법들이 있습니다. 예를 들어, 명상, 요가, 운동 등을 통해 스트레스를 관리하고 긍정적인 마인드셋을 유지하는 것이 좋으며, 자기조절 향상 능력은 기본적으로 발전 가능한 능력이고, 꾸준한 노력과 연습을 통해 개인의 자기조절력을 강화시킬 수 있다는 것을 꼭 기억하시기 바랍니다.

6) 심리도식과 삶의 덫

심리도식은 일반적으로 어린 시기에 개인의 경험과 상호작용으로 형성되며, 이후 삶의 경험에서 굳어져 갑니다. 그리고 다음과 같은 요인이 심리도식의 발생에 기여합니다.

가정환경, 어릴 때 부모나 보호자와의 상호작용, 가정환경 등이 개인의 심리도식 형성에 영향을 미칩니다. 부모나 보호자의 태도, 강압적인 교육 방식, 가정 내 갈등 등이 심리적인 외상을 유발하여, 부정적인 심리도식의 형성을 촉진할 수 있습니다.

개인의 경험, 개인이 경험한 사건, 상황, 인간관계 등도 심리도식의 형성에 영향을 미칩니다. 예를 들어, 학교에서 괴롭힘을 받거나, 가족에서 배려나 사랑을 받지 못하는 등의 경험은 적극적인 자아 형성을 방해하고, 비효율적인 심리도식을 형성하는 데 기여할 수 있습니다.

개인의 유전자, 유전자도 개인의 심리도식 형성에 영향을 미칩니다. 일부 연구에 따르면, 뇌 구조의 변화나 화학 물질의 이상 적합성도 개인의 유전적 요인과 관련이 있을 수 있다는 것입니다.

문화적 요인, 문화적 요인도 개인의 심리도식 형성에 영향을 미칩니다. 예를 들어, 일부 문화에서는 남성이나 여성에 대한 고정된 성 역할, 가족의 지위, 사회적 지위 등이 심리도식 형성에 영향을 미칩니다.

심리도식은 익숙해져서 너무도 당연한 것으로 느끼게 되기도 합니다. 그래서 고통을 동반한다고 하더라도 그것을 편안하고 익숙하다고 느끼기 쉽습니다. 또한 자신의 심리도식을 자극하는 사건들에 쉽게 이끌리며, 일관성을 유지하려고 하기 때문에 쉽게 바꾸기 어렵습니다.

심리도식은 모든 것에 대한 우선적인 진실로 간주합니다. 그래서 차후에 행동, 생각, 느낌, 경험을 처리할 때와 대인관계에도 영향을 미치며 안 좋았던 초기 부적응기를 반복하게 합니다. 하지만 부적응한 도식이 모두 '나쁜 것'은 아닙니다. 부적응한 도식은 불안, 우울, 스트레스 등을 유발할 수 있지만, 그것이 전부가 아니며, 개인에게 일정한 기능을 제공하기도 합니다. 예를 들어, 자존감이 상당히 낮은 사람이 있다고 가정해 보겠습니다. 이 사람이 '나는 할 일을 제대로 못할 거야.'라는 부적응한 도식을 가지고 있을 경우, 이것은 그 사람이 실패나 문제에 직면했을 때 더욱 심각한 자존감 하락을 경험하게 만들 수 있습니다. 그러나 이러한 도식은 또한 그 사람이 위기 상황에 처했을 때 조심스럽고 세심하게 계획하고 대비하는 데에도 도움을 줄 수 있습니다.

따라서, 심리치료에서 개인의 부적응한 도식을 다룰 때는 그것이 가진 긍정적인 측면을 인지하고 유용한 면을 유지하는 동시에, 불필요한 혹은 해로운 측면을 수정하거나 개선할 수 있는 방법을 함께 모색합니다. 중요한 것은 나의 심리도식이 어떠한 것이 있으며 그것이 일상생활에서 어떻게 발현되는지를 깨닫는 것이 매우 중요합니다.

제프리 영 박사(Jeffrey Young)의 삶의 덫은 인지행동치료(Cognitive Behavioral Therapy, CBT)의 하나인 스키마 치료(Schema Therapy)[19]에서 다음과 같은 5가지 심리도식 영역을 제안했습니다.

첫째, 배려받지 못함/취약성 영역: 자신이 취약하다는 느낌이나 고

---

19) Jeffrey E. Young, Janet S. Kiosko, 『삶의 덫에서 벗어나 새로운 나를 열기』 최영희 역, 서울: 메타미디어, 2022, 207-319.

독, 배려받지 못하는 느낌을 지속적으로 느끼며 이러한 감정이 개인적, 대인관계, 사회적 영역에서 나타남.

둘째, 불만족/부족감 영역: 자신에게 부족함이나 불만족스러움이 많은 느낌, 과거에 있었던 손해, 상처 등이 지속적으로 영향을 미치며 이러한 감정이 개인적, 대인관계, 사회적 영역에서 나타남.

셋째, 자기 불신/자기 비하 영역: 자신에 대한 부정적인 믿음과 자기 비하적인 내용으로 가득 찬 상황에서 고민하거나 나쁜 느낌을 지속적으로 느끼며 이러한 감정이 개인적, 대인관계, 사회적 영역에서 나타남.

넷째, 과도한 통제/규제 영역: 강박, 매너리즘, 엄격한 자기 규제, 타인에게 강제적인 규제를 가하는 경향이 있는 영역. 이러한 감정이 개인적, 대인관계, 사회적 영역에서 나타남.

다섯째, 과도한 불신/초조함 영역: 다른 사람이나 상황에 대한 불신, 불안, 초조함, 위험감 등이 지속적으로 나타나는 영역. 이러한 감정이 개인적, 대인관계, 사회적 영역에서 나타남.

영 박사는 이렇게 인지행동치료(Cognitive Behavioral Therapy, CBT)의 하나인 스키마 치료(Schema Therapy)에서 '부적응도식(삶의 덫)'[20]이라는 개념을 제시했습니다. 스키마를 번역하면 심리도식이며 쉬운 표현으로 삶의 덫으로 표현되기도 합니다. 삶의 덫은 오래된 습

---

20) Jeffrey E. Young, Janet S. Kiosko, 『삶의 덫에서 벗어나 새로운 나를 열기』, 최영희 역, 서울: 메타미디어, 2022, 81-421.

관이므로 이것을 내가 알아채야만 합니다. 그래서 자동적으로 하는 이 반응을 멈추거나 다른 반응으로 대체시키는 것이 삶의 덫에서 벗어나는 방법입니다. 영 박사의 11가지 삶의 덫은 다음과 같습니다.

① **버림받음의 덫**: 대부분 언어 발달 이전의 덫에 의해서 자신이 혼자 남겨지게 되거나 버림받게 될까 봐 두려워서 사람들에게 매달리거나 역설적으로 밀어내기도 합니다. 초기 아동기에 과잉보호를 받았다면 '의존에 기초한 버림받음'의 혼합된 형태로 나타나며, 또 하나의 유형은 아동기에 감정적으로 불안정한 환경에 노출되었을 때, '불안정이나 상실에 기초한 버림받음'의 형태로 나타나며 이들의 특징은 언행이 일치되지 않습니다.

버림받음의 덫은 상대의 악의 없는 말에도 나를 버리려 한다는 의도로 읽고 실제의 이별과 상실과 아무런 관련이 없어도 서로의 관계가 소원해졌다고 느끼며 버림받음의 덫에 걸릴 수 있습니다. 그래서 정서적으로 고립되어 살아가게 되며 이들이 성장하기 위해서 가장 필요한 것은 안전하고 안정적인 가족 환경입니다. '안전함'은 버림받음의 덫에 걸린 이들에게 기본적인 핵심 감정입니다. 다음의 항목들은 버림받음의 덫에 빠졌을 때 더욱 강하게 나타나는 행동들입니다.[21]

---

21) Jeffrey E. Young, Janet S. Kiosko, 『삶의 덫에서 벗어나 새로운 나를 열기』 최영희 역, 서울: 메타미디어, 2022, 85.

〈버림받음의 덫〉

- 내가 사랑하는 사람들이 사라지거나 떠날까 봐 걱정이 많이 된다.
- 그들이 떠나갈까 봐 두려워하면서 그들에게 매달리게 된다.
- 내 삶에서 안정된 지지대가 부족한 것 같다.
- 내가 그들에게 굳건한 지지를 제공할 수 없는 사람들을 자꾸 사랑하게 된다.
- 내 인생에서 사람들은 항상 오고 가는데, 그중에서도 나를 떠나는 사람들이 많은 것 같다.
- 사랑하는 사람이 떠나려 할 때면 필사적으로 붙잡으려고 한다.
- 그들이 떠날 것 같다는 생각에 사로잡혀. 결국에는 내가 그들을 밀어내게 되는 거 같다.
- 내 주변의 사람들을 예측하기가 어려워. 한 순간에는 내 곁에 있지만, 다음 순간에는 사라져 버리는 경우가 많다.
- 내 주변에 항상 사람들이 있길 너무 간절히 원한다.
- 마지막에는 결국 혼자 남게 될 것 같다.

② **불신과 학대의 덫:** 과잉 경계 상태를 불러오는 불신과 학대의 덫은 다른 사람들이 자신을 학대하거나 해칠 것이라고 늘 상상하기 때문에 타인에 대한 불신과 접근을 허용하지 않으며 대인관계를 회피하고 적대관계를 갖게 될 확률이 많습니다. 이들에게 있어서도 기본적인 핵심 감정은 버림받음의 덫과 마찬가지로 안전함이 중요합니다. 다음의 항목들은 불신과 학대의 덫에 빠졌을 때 더욱 강하게 나타나는 행동들입니다.[22]

---

22)　Ibid, 2022, 117.

〈불신과 학대의 덫〉

- 다른 사람들이 나에게 상처를 주거나 이용할 것으로 예상한다.
- 내 인생에서 가까운 사람들은 내게 상처를 줬다.
- 내가 사랑하는 사람들이 나를 배신하는 것은 불가피할 것으로 생각한다.
- 나는 내 자신을 보호하고 항상 경계해야 한다.
- 내가 조심하지 않으면 다른 사람들이 나를 이용하여 이득을 취할 것이다.
- 내가 다른 사람들이 진심으로 내 편인지를 확인하기 위해 그들을 검증한다.
- 다른 사람들이 나를 상처 주기 전에, 내가 그들을 상처 주려고 노력한다.
- 내 주변에 다가올 사람들이 나에게 상처를 줄 것을 두려워한다.
- 다른 사람들이 내게 행한 일을 생각하면 분노한다.
- 내가 신뢰했던 사람들에게서 신체적, 언어적 또는 성적 학대를 받았다.

③ **의존의 덫:** 의존의 덫에 걸리게 되면 다른 사람의 도움 없이는 일상생활을 제대로 할 수 없다고 느끼며 어렸을 때 독립성을 주장하다가 좌절감을 느꼈을 확률이 있습니다. 그래서 이들은 어른이 되어서도 독립적인 행동을 하지 못하고 움츠러들고 의지가 강한 사람에게 의존과 지원을 갈구하게 됩니다. 이들에게 가장 필요한 것은 나 혼자서도 해낼 수 있다는 안전함, 유능함, 강력한 자존감을 갖는 노력들이 필요합니다. 다음의 항목들은 의존의 덫에 빠졌을 때 더욱 강하게 나타나는 행동들입니다. [23]

---

23)   Ibid, 2022, 211.

〈의존의 덫〉

- 나는 책임을 질 때 어른이 아닌 아이처럼 느껴진다.
- 스스로 세상을 이해하고 처리할 자신이 없다.
- 혼자서는 어려움을 극복하기 어렵다.
- 내가 스스로 돌봐주는 것보다 다른 사람들이 더 나을 것으로 느껴진다.
- 누군가가 나를 이끌어 주지 않으면 새로운 일에 대해 처리하는 데 어려움을 겪는다.
- 어떤 일도 제대로 처리할 수 없다고 느낀다.
- 자신감이 없다.
- 지식이 부족하다.
- 내 판단을 믿지 못한다.
- 매일의 삶이 너무 압도되는 느낌이다.

④ **취약성의 덫:** 취약성의 덫에 걸리게 되면 항상 범죄, 재앙, 질병, 자연재해, 경제적 파산과 같은 두려움이 닥쳐서 세상 어디에서도 안전하지 못할 거라고 느끼게 됩니다. 그래서 안전 확보에 모든 에너지를 쏟게 되고 불안 발작 같은 증상도 나타날 수 있다. 이와 같은 증상은 어린 시절 과보호나 세상은 안전하지 못하다고 인지시켜 왔기 때문일 수 있습니다. 다음의 항목들은 취약성의 덫에 빠졌을 때 더욱 강하게 나타나는 행동들입니다.[24]

---

24)   Ibid, 2022, 248.

<**취약성의 덫**>

- 나는 늘 나쁜 일이 일어날 것만 같은 느낌을 떨쳐 내기 어렵다.
- 언제나 재앙이 닥칠 것 같은 느낌이 들기도 한다.
- 노숙자나 부랑자가 되지 않을까 걱정한다.
- 범죄자나 강도, 도둑에게 공격당할까 두려움을 많이 느낀다.
- 의사의 진단 없이도 중대한 질병에 걸릴까 두려움을 느낀다.
- 너무 불안해서 화물 비행기나 기차를 탈 수가 없다.
- 불안 발작을 경험한 적이 있다.
- 신체 감각을 많이 의식하고 그 반응에 대해 왜 그런지 걱정한다.
- 공개된 장소에서 자제력을 잃거나 미쳐 버릴까 두려움을 느낀다.
- 돈을 모두 잃거나 파산할까 두려움을 느낀다.

⑤ **정서적 결핍의 덫:** 정서적 결핍의 덫이란 이 세상 어느 누구도 나를 진심으로 대하거나 나의 감정을 이해할 수 없다고 생각하는 것입니다. 그래서 그들은 냉정하고 인색하면서 대인관계에 있어서도 분노와 결핍의 관계를 초래하는 정서적 단절감과 공허함을 특징으로 하고 있습니다. 다음의 항목들은 정서적 결핍의 덫에 빠졌을 때 더욱 강하게 나타나는 행동들입니다.[25]

---

25)   Ibid, 2022, 151.

〈정서적 결핍의 덫〉

- 현재보다 더 많은 사랑을 받고 싶다는 욕구를 느낀다.
- 아무도 나를 진정으로 이해하지 못한다고 느낀다.
- 차가운 사람에게서 비록 내 욕구를 충족시켜 주지 못해도 종종 끌린다.
- 친밀한 사람이라도 단절되어 있는 것처럼 느낀다.
- 공유하고 싶은 마음을 갖고, 나에게 일어난 일에 관심을 보여 줄 사람이 주변에 없다.
- 나를 따뜻하게 사랑해 주는 사람은 아무도 없다.
- 내 욕구와 감정에 관심을 기울여 준 사람을 만나 본 적이 없다.
- 다른 사람이 나를 보호하고 안내해 주는 것을 수용하기가 어렵다.
- 다른 사람이 나를 사랑하는 것을 받아들이기가 어렵다.
- 많은 시간을 혼자 보냈다.

⑥ **사회적 소외의 덫:** 사회적 소외의 덫은 친구와 집단과의 관계에서 남들과 다르다는 느낌, 격리된 느낌을 느끼게 되며 친구나, 집단에 소속감을 느끼지 못하게 되거나 남들과 어울리지 못하고 회피성 행동을 하게 됩니다. 아마도 어린 시절 소외당한 경험이 있다거나 거절당한 경험으로 인해 점차 자신은 사회적으로 열등한 위치에 있다고 느끼게 되고 행동합니다. 성인이 되어서는 불안해지고 타인과 거리를 두게 됩니다.

다음의 항목들은 사회적 소외의 덫에 빠졌을 때 더욱 강하게 나타나는 행동들입니다. [26]

---

26)   Ibid, 2022, 175.

〈사회적 소외의 덫〉

- 사회적인 상황에서 남들의 시선을 신경 쓴다.
- 파티나 모임이 재미없고 어색하며, 말을 할 주제를 찾기 어렵다.
- 친구로 사귀고 싶은 사람들은 어떤 측면에서든 나보다 우월한 사람들로 보인다.
- 대부분의 사회적 역할을 피하는 편이다.
- 외모나 인생 상황 등의 이유로 매력이 없다고 느낀다.
- 내게는 다른 사람들과 다른 점이 많이 있다.
- 어디에도 소속되어 있지 않고, 외로움을 많이 느낀다.
- 항상 집단에 속해 있지 않다는 느낌이 든다.
- 내 가족은 주변의 다른 가족들과는 다른 모습을 보였다.
- 지역 사회와의 깊은 연결이 부족한 느낌을 자주 받는다.

⑦ **결함의 덫**: 결함의 덫은 내가 내적으로 결함이 있고 부족하다고 느끼는 것입니다. 어린 시절 누군가에게 자신의 결점을 비난받았을 가능성이 있습니다. 그래서 어른이 되어서도 자신을 제대로 평가받기 두렵고, 자신이 가치 없다고 생각함 사랑을 두려워하게 됩니다.

다음의 항목들은 결함의 덫에 빠졌을 때 더욱 강하게 나타나는 행동들입니다.[27]

---

27)   Ibid, 2022, 276.

〈결함의 덫〉

- 나의 진실한 모습을 알게 된다면 어떤 이성이든 나를 사랑할 수 없을 것으로 생각한다.
- 내가 결점과 흠을 가졌기 때문에 사랑받을 가치가 없다고 느낀다.
- 심지어 가장 가까운 사람들과도 나누고 싶지 않은 비밀이 있다.
- 부모님이 날 사랑하지 못하는 것은 나의 잘못이라고 생각한다.
- 진정한 자신을 감추는 이유는 진실한 나를 받아들이기 어렵기 때문이며, 보여 주는 모습은 모두 가짜라고 믿는다.
- 내게 비판적이고 거부적인 사람들에게 종종 끌리는 편이다.
- 나를 사랑하는 것 같은 사람들에 대해 비판적으로 되고 그들을 거부하는 경향이 있다.
- 자신의 장점을 과소평가하는 경향이 있다.
- 자신에게 대한 강한 수치심을 안고 산다.
- 내 결점이 드러나는 것을 가장 큰 두려움 중 하나로 여긴다.

⑧ **실패의 덫:** 실패의 덫은 어린 시절 같은 또래에 비해서 자신이 실패했거나, 열등하다고 느꼈을지 모릅니다. 혹은 '멍청하다', '열등하다'고 놀림을 받았을 수도 있습니다. 그래서 어른이 되어서도 자신의 실수를 과장하고 실패를 초래하는 행동들을 의도적으로 반복하게 됩니다.

다음의 항목들은 실패의 덫에 빠졌을 때 더욱 강하게 나타나는 행동들입니다.[28]

---

28)   Ibid, 2022, 319.

<〈실패의 덫〉>

- 나는 어떤 분야에서 노력해도 다른 사람들보다 능력이 부족하다고 느낀다.
- 성취에 대해 자주 실패한 것 같은 느낌이 든다.
- 내 나이와 비슷한 사람들 대부분이 업무에서 더 성공적인 것 같다.
- 학업에서 실패한 경험이 있다.
- 주변 사람들만큼 똑똑하지 못한 것 같다.
- 업무에서 실패한 경험으로 굴욕감을 느낀다.
- 다른 사람들과 함께 있을 때 자신감이 부족하다.
- 사람들이 나를 실제보다 유능하다고 생각하는 경우가 자주 있다.
- 삶에서 특별한 능력을 가지지 못한 것 같이 느낀다.
- 내 잠재력보다 낮은 일을 하고 있다고 느낀다.

⑨ **복종의 덫:** 자신을 희생시켜서 다른 사람들의 욕구를 만족시키고 기쁘게 합니다. 남들에게 처벌받거나 버림받지 않기 위해서 자신에게 요구하고 상처 주고, 조종하도록 내버려 둡니다.

다음의 항목들은 복종의 덫에 빠졌을 때 더욱 강하게 나타나는 행동들입니다.[29]

---

29)   Ibid, 2022, 344.

〈복종의 덫〉

- 남들이 나를 통제하려는 경향이 있다고 느낀다.
- 다른 사람들이 원하는 것을 들어주지 않으면, 그들이 보복하거나 화를 내거나 거부할까 두렵다.
- 내 삶의 중요한 결정이 스스로 내린 것 같지 않다.
- 남들에게 내 권리를 존중해 달라고 요구하기가 매우 어렵다고 느낀다.
- 남들을 기쁘게 하고 그들에게 인정받으려고 많이 노력한다.
- 대립을 피하려고 굉장한 노력을 기울인다.
- 타인의 고통을 깊게 느끼기에, 가까운 사람들을 돌보는 일은 결국 내가 맡게 된다.
- 자신을 앞세우고 나면 죄책감을 느낀다.
- 다른 사람들을 우선 배려하기 때문에 선한 사람이라고 생각한다.

⑩ **엄격한 기준의 덫:** 엄격한 기준의 덫은 가장 높은 기준을 정해 놓고 자기 자신과 타인에게 가혹하게 적용시킵니다. 아마도 어린 시절 최고가 아니면 실패, 혹은 자신이 한 일은 모두 잘한 일이 없다고 꾸중을 들었을 수도 있습니다.

다음의 항목들은 엄격한 기준의 덫에 빠졌을 때 더욱 강하게 나타나는 행동들입니다.[30]

---

30)   Ibid, 2022, 392.

〈엄격한 기준의 덫〉

- 나는 2등을 받아들일 수 없고 내가 하는 일에서 항상 최고가 되어야 한다고 믿는다.
- 내가 하는 일 중에 충분히 잘하는 것이 없다고 생각한다.
- 모든 것이 완벽하게 정리된 상태를 유지하기 위해 노력한다.
- 항상 최상의 모습을 보여야 한다고 생각한다.
- 이루어야 할 것이 너무 많아서 휴식할 시간이 거의 없다고 느낀다.
- 자신을 너무 심하게 몰아붙여서 대인관계에 문제를 겪는다.
- 자신에게 너무 많은 압력을 가하기 때문에 건강이 나빠진다.
- 실수를 하면 심하게 비난을 받을 것이라고 생각한다.
- 매우 경쟁적인 성향이 있다.
- 돈이나 지위가 매우 중요하다고 생각한다.

⑪ **특권 의식의 덫:** 특권 의식의 덫은 자신은 특별하며 원하거나 말하는 것은 무엇이든 행하거나 가질 수 있다고 생각합니다. 이들은 인내심, 합리성, 실현 가능성, 치러야 할 대가, 자기 규제 등에 어려움을 겪습니다. 어린 시절 버릇없이 자란 경우가 많습니다.

다음의 항목들은 결함의 덫에 빠졌을 때 더욱 강하게 나타나는 행동들입니다.[31]

---

31)   Ibid, 2022, 421.

〈특권 의식의 덫〉

- 상대가 '거절'하는 답변을 받아들이기 어렵다.
- 원하는 것을 얻지 못할 때 화를 내는 경향이 있다.
- 특별한 사람이라 생각하여서는 안 되는 제약들을 무시하는 경향이 있다.
- 자신의 욕구를 최우선으로 생각한다.
- 술, 담배, 과식 등의 문제 행동을 멈추는 데 어려움을 겪는다.
- 따분하고 일상적인 일들을 끝내도록 스스로를 꾸준히 훈육할 수 없다.
- 나중에 문제가 될 충동이나 감정에 따라 행동하는 경향이 있다.
- 목표를 달성하지 못하면 쉽게 좌절하고 포기하는 경향이 있다.
- 다른 사람들이 자신의 방식을 따르도록 고집한다.
- 즉각적인 만족을 포기하여 장기적 목표를 달성하는 데 어려움을 겪는다.

다미샤르프(Dami Charf)의 부적응 도식, 제프리 영 박사(Jeffrey Young)의 영향을 받은 다미샤르프는『당신의 어린 시절이 울고 있다』에서 우리의 고통이 쉽게 해결되지 않는 진짜 이유는 "문제가 우리의 기억 속, 마음속, 그리고 몸속에 꼭꼭 숨어 있기 때문이다."[32]라고 했습니다. 그리고 그 원인을 발달 트라우마[33]라고 보고 있습니다.

부적응도식은 일종의 심리적 매커니즘으로, 우리가 경험한 일들로부터 형성되며, 이러한 경험들을 토대로 우리가 세상을 인식하고 이

---

32)   Dami Charf,『당신의 어린 시절이 울고 있다』서유리 역, 서울: 동양북스, 2021, 10.

33)   발달 트라우마: 한 번의 충격적인 경험 혹은 만성적으로 존재감을 무시당하거나 습관적으로 부정적인 피드백을 통한 트라우마.

해하며, 또한 그와 상호작용합니다. 하지만 부적응도식은 때로 우리가 원하는 대로 삶을 살지 못하게 만들며, 이는 과거의 부정적인 경험이나 상황에서 형성된 부적응도식이 현재의 삶에 영향을 주기 때문입니다. 이러한 부적응도식은 자신의 능력을 과소평가하게 만들거나, 자신에 대한 부정적인 자기 평가를 유발할 수 있으며, 자신이 가진 적극적인 자세와 자유로운 행동을 제한할 수 있다는 것입니다. 다미샤리프는 이러한 부적응도식을 인지행동치료(Cognitive Behavioral Therapy, CBT)를 이용하여 개선할 수 있다고 제안합니다. 이를 위해서는 우선적으로 자신이 가진 부적응도식을 파악하고, 이를 교정할 수 있는 새로운 인식 체계를 만들어 가는 것이 중요하며, 이를 통해 자신의 삶에 대한 새로운 인식과 긍정적인 자기 평가를 형성할 수 있으며, 이에 따라 적극적인 행동을 취할 수 있게 되는 것입니다.

부정응도식의 비건전적인 대처 방식이 일상생활에서 발생하는 문제들을 해결하지 못하고, 행동 및 인지 방식에서 부정적으로 나타날 수 있는 패턴들은 다음과 같습니다.

〈부적응 도식의 행동패턴〉

- **완벽주의**: 너무나도 완벽한 결과를 추구하고, 그것이 불가능한 경우에는 큰 실망과 부정적인 감정을 느끼는 경향을 나타냅니다.
- **부적응적 선입견**: 과거의 경험으로부터 나온 선입견이나 편견에 고정되어 새로운 정보나 경험에 대해 개방적이지 않고, 불필요한 걱정과 불안을 느끼

는 경향을 나타냅니다.

- **자기 연민**: 과도한 자기 관찰과 자기중심적인 생각으로 인해, 자신의 감정이나 상황을 과도하게 자극하고, 남들의 눈에 늘 관심을 두는 경향을 나타냅니다.
- **반항**: 반항적인 태도와 거부성이 지속되어, 타인의 조언이나 도움을 받기 어렵고, 스스로 문제를 해결하지 못하는 경향을 나타냅니다.
- **과도한 우울**: 과도한 우울과 의존성을 느끼고, 자신의 감정을 외부로 드러내지 않으며, 자신을 포기하고 괴로움에 빠지는 경향을 나타냅니다.

지그문트 프로이트(Sigmund Freud)의 심리도식, 프로이트는 심리학의 아버지로 불리며, 심리도식 모델 중 하나인 정신 분석학을 개발하였습니다. 그는 개인의 무의식적인 심리적 요인들이 개인의 행동, 감정, 인식 등에 영향을 미치는 것을 다음과 같은 18개의 심리도식을 제안했습니다.

〈프로이트의 18개 심리도식〉

- 부정적 심리도식(Negative projection): 자신이 가지고 있는 부정적인 감정, 욕구, 행동 등을 다른 사람이나 대상에게 투사하는 것.
- 부인적 심리도식(Denial): 자신이나 다른 사람이나 대상의 실재하지 않는 상황이나 사건, 감정 등을 부정하는 것.
- 투영적 심리도식(Projection): 자신이나 내면에서 경험하는 감정, 욕구, 행동 등을 다른 사람이나 대상에게 투사하는 것.
- 지체적 심리도식(Deflection): 자신이나 다른 사람이나 대상에 대한 책임을 회피하거나 다른 주제로 이야기를 돌리는 것.

- 환상적 심리도식(Fantasy): 현실적인 상황에서 벗어나 자신만의 상상 속에서 살아가는 것.
- 왜곡적 심리도식(Distortion): 현실을 왜곡하거나 과장하는 것.
- 광기적 심리도식(Madness): 상황을 극단적으로 해석하거나 과장하여 감정적으로 광기어린 행동을 하는 것.
- 합리화적 심리도식(Rationalization): 신이나 다른 사람이나 대상의 행동을 합리적인 이유나 해석으로 변환하는 것.
- 반동적 심리도식(Reaction formation): 자신이나 다른 사람이나 대상의 감정이나 욕구와 반대되는 행동이나 태도를 취하는 것.
- 의식적 심리도식(Conscious projection): 자신의 감정, 욕구, 행동 등을 다른 사람에게 말하거나 알리는 것.
- 강제적 심리도식(Compulsion): 자신이나 다른 사람이나 대상에 대해 반복되는 행동이나 욕구, 생각 등을 강요하는 것.
- 강화적 심리도식(Reinforcement): 자신이나 다른 사람이나 대상에 대한 선호나 긍정적인 감정, 욕구, 태도 등을 강화하는 것.
- 이성적 심리도식(Intellectualization): 감정적인 문제나 상황을 이성적으로 처리하려는 것.
- 전환적 심리도식(Transference): 자신이나 다른 사람에 대한 감정, 욕구, 행동 등을 다른 사람이나 대상에게 전환하는 것.
- 원망적 심리도식(Resentment): 자신이나 다른 사람이나 대상에 대한 분노, 불만, 원망 등을 표출하는 것.
- 도출적 심리도식(Sublimation): 원래 상황에서는 부적절하거나 금기된 감정이나 욕구를 다른 형태로 표현하는 것.
- 대립적 심리도식(Contradiction): 자신이나 다른 사람이나 대상에 대한 두 가지 이상의 감정이나 태도를 동시에 가지는 것.
- 환상적 심리도식(Fantastic object): 일상에서 만족할 수 없는 욕구나 감정을 실현 가능한 대상이나 상상 속 대상으로 대체하는 것.

제프리 영, 다미샤리프, 프로이트의 이론과 같이 심리도식을 심리치료 과정에서 얻고자 하는 것은 자신이 가진 문제를 해결하고 더 건강하고 기능적인 삶을 살 수 있도록 돕는 것입니다. 이를 통해 개인은 자신이 가진 문제에 대해 인식하고, 이를 이해하며, 자신의 능력과 자원을 개발하는 데 도움을 받을 수 있습니다. 또한 심리치료는 대인관계를 개선하고, 더 나은 삶의 질을 누리도록 돕습니다. 이 과정은 미래에 발생할 수 있는 문제를 예방하고, 개인이 자신의 문제를 해결할 수 있는 능력을 갖추도록 돕는 것입니다.

앞서 뇌의 구조에서 알아본 바와 같이 편도체계에 저장된 기억은 지울 수 없습니다. 그러하기에 부적응적인 대처 방식으로 도식화되어 있는 우리의 기억, 신체 감각, 인지, 정서, 행동들을 약화시키는 방법(해마와 피질의 역할을 강화)만이 심리도식을 통제시키는 유일한 방법이라고 할 수 있습니다.

심리도식이 치유된다는 것은 심리도식이 이전보다 덜 활성화되고, 압도되는 경험도 덜 하게 되는 것을 의미합니다. 심리도식을 치유한다는 것은 치열한 자기와의 싸움으로 마치 전쟁을 하는 것과 흡사할 것입니다. 심리도식은 다양한 개인적, 환경적, 문화적 요인들의 상호작용에 의해 형성되므로 개인이 부정적인 심리도식을 가지고 있다면, 해당 심리도식이 어떻게 형성되었는지 이해하고, 그것을 변화시키기 위해 노력하는 것이 중요합니다.

지금까지 통합적 심리치료를 위해서 '통증'을 해결하기 위한 첫 번째 단계로 ne 탓을 하게 되는 이유와 원인에 대한 이해를 돕기 위해서 트라우마와 스트레스장애, 감정에 대한 이해, 저항, 자기조절능력, 심리도식과 삶의 덫에 대해서 알아보았습니다. 내가 통증이라고 자각하게 만드는 요인들에 대한 구조를 충분히 이해해야 다음 셀프심리치료를 좀 더 효과적으로 할 수 있습니다.

우리가 〈1부〉에서 꼭 기억해야 할 것은 ne 탓을 하는 원인이 나와 남에게 있는 것이 아니라 어린 시절부터 유전, 환경, 트라우마, 심리도식 등과 같은 복합적인 요인들이 좋지 않은 상황과 충돌해서 일어나는 사고라는 것입니다. 그 사고의 충격으로 지금 내가 '통증'을 느끼고 있으며 나는, 그 '통증'을 스스로 치료할 수 있다는 확신을 갖기를 바랍니다.

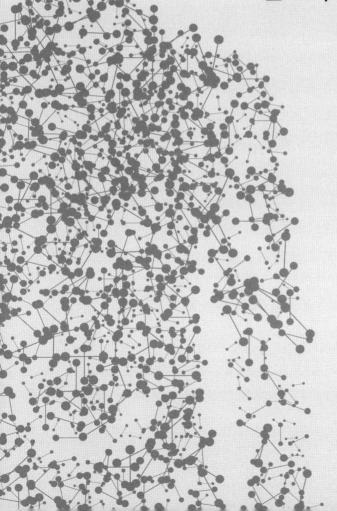

2부

통합적
셀프심리치료

〈ne 탓이 아니야 핵심 단어〉

통증: 몸으로 느껴지는 통증 + 심리적으로 느껴지는 통증

ne 탓: 내 탓 + 네 탓

IOS(통합적 심리치료의 지도): 통증 → 내 탓과 네 탓을 한다 → 괴롭다, 치료하고 싶다 → 원인 찾기 → 치료를 위한 사분면 작성 → 셀프(통합)심리치료

1단계: 나에 대한 이해

삶의 덫은 오래된 습관들 속에 숨어 있습니다. 그렇기에 스키마[34]의 작동 원리를 파악하고 내 자아를 이해하여, 부정적이고 반복되는 행동에 대한 대응 패턴을 찾아가는 과정이 필요합니다. 나의 MBTI와 심리도식을 통해서 내 자신에 대한 이해와 나의 부적응 행동 패턴에 대한 적합한 대응이나 새로운 대처 방식을 찾아가는 것은 삶의 함정을 벗어나 새로운 삶을 시작하는 첫 발걸음이 될 것입니다.

이러한 변화의 과정을 반복함으로써, 지금까지 내가 왜 이렇게 살아왔는지에 대한 깊은 이해를 얻을 수 있습니다. 기존 삶의 패턴을 탐구하고 변화를 통해 새로운 시각을 찾아낸다면, 변화의 가능성과 희망이 차츰 다가올 것입니다. 이는 우리의 사고와 행동을 새롭게 조명하며,

---

34) 스키마란 개인이 자신과 주변 세계를 인식하고 이해하는 데에 영향을 미치는 독특한 가치관이나 관점을 나타내는 개념입니다. 이러한 스키마는 우리의 무의식에 자리를 잡고 있으며, 정보를 처리하고 판단하는 데에 자동적으로 작용합니다. 어린 시절의 양육 방식이나 외상과 같은 부정적 경험은 초기에 부적응적인 스키마를 형성할 수 있으며, 이러한 스키마는 부정적인 자동적 사고를 유발할 수 있습니다. 스키마는 종종 '심리도식'으로 번역되며, '삶의 덫'이라고도 합니다. 삶에서 발생하는 다양한 상황에서 우리를 제한하거나 방해하는 것으로도 설명됩니다. 이러한 스키마는 우리의 행동과 인식을 방향 짓는 중요한 역할을 하며, 부정적인 스키마를 수정하고 긍정적인 스키마를 강화하는 것은 심리적 치료 및 개발에 중요한 과제입니다.

미래에 대한 새로운 가능성을 열어 나가는 과정입니다.

MBTI는 Myers-Briggs Type Indicator의 줄임말로, Katherine Cook Briggs와 Isabel Briggs Myers가 융(C. G. Jung)의 심리 유형 이론을 기반으로 개발한 검사입니다. 이들은 인간 행동의 다양성이 개인의 인식과 판단에 의해 결정된다고 믿었습니다. MBTI는 자아보고형과 객관적으로 측정되는 형식의 검사로, 선천적이며 안정된 성격 특징을 알려주는 도구로 사용됩니다.

MBTI는 1943년, A 형태로 처음 도입되었습니다. 이 시기에는 MBTI가 초기 형태로 등장하여 개인의 성격 유형을 이해하는 데 사용되었습니다.

1975년, G 형태의 MBTI가 Consulting Psychologists Press(CPP)[35]를 통해 출간되면서 MBTI는 광범위하게 사용되게 되었습니다. 이는 현재의 대중적인 MBTI 검사의 기반이 되었습니다.

2013년부터 현재까지는 Form M과 Form Q 두 가지 형태의 검사가 선택 가능하며, 특히 Form Q가 주로 사용되고 있습니다.

---

35) 1975년에는 Consulting Psychologists Press(CPP)이 MBTI(마이어스-브릭스 유형 지표)의 출판사로 알려져 있습니다. MBTI는 Isabel Briggs Myers와 Katharine Cook Briggs에 의해 개발되었고, 그들의 작업은 후에 Consulting Psychologists Press(CPP)를 통해 출판되었습니다. CPP는 MBTI를 세계에 소개하고 보급하는 주요 출판사 중 하나였습니다.

MBTI는 성인을 대상으로 한 검사로, 아동 및 청소년을 위한 CATi 라는 별도 형태의 MBTI 검사지가 개발되었습니다. 총 95개의 문항 으로 구성된 MBTI는 '외향(Extroversion)/내향(Introversion)', '감 각(Sensing)/직관(Intuition)', '사고(Thinking)/감정(Feeling)', '판단 (Judging)/인식(Perceiving)' 등 네 가지 기본 차원을 기반으로 총 16 가지로 분류됩니다. 이를 통해 각 개인의 성격 특징과 선호도를 더 깊 이 파악할 수 있습니다. MBTI는 간편하면서도 체계적인 방식으로 다 양한 성격 유형을 정의하고 이해하는 데에 사용되고 있습니다. 우리는 MBTI 검사를 통해 파악된 성격 유형으로 자아와 그동안 나의 행동 패 턴을 이해할 수 있게 될 것입니다. 전문 검사지와 다음과 같은 간이 검 사지의 결과 값은 다를 수 있으니 시간과 여건이 된다면 유료 사이트 나, 전문 검사지를 구입해서 테스트 받는 것을 추천합니다. 저희 셀프 심리치료에서는 내 자신에 대한 전문 지식보다는 일반적 성향 파악을 위한 것이므로 다음의 간이 검사지의 항목을 사용하도록 하겠습니다.

1. MBTI로 나의 성향 찾기

1) MBTI 간이 질문지(Form M) 93개의 질문과 채점 방식[36)

다음 93문항의 MBTI 간이 질문지는 Form M의 질문 내용을 기초로 하여 편집·작성하였으며, 정확한 검사를 원하신다면 유료 사이트나, 전문 검사지를 구입해서 테스트 받는 것을 추천합니다.

질문 내용	점수 (1, 0, -1)
나는 대개 다른 사람들과 쉽게 어울리는 편입니다.	
나는 다른 사람들이 쉽게 알 수 있는 편입니다.	
나는 많은 사람들과 함께 있을 때, 주로 제가 다른 사람을 소개하는 편입니다.	
나를 처음 만나는 사람들은 제 관심사를 금방 파악할 수 있습니다.	
나는 여러 사람과 함께 있을 때, 에너지를 얻는 경향이 있습니다.	
나는 대개 다른 사람들과 잘 어울리는 편입니다.	
나는 친목회나 모임에서 제가 이야기를 많이 하는 편입니다.	
대부분의 사람들은 저를 매우 개방적인 사람으로 생각합니다.	

---

36) Katharine C. Briggs, Isabel Brggs Myers, MBTI 자가 채점(Form M)을 참고로 편집
하였습니다.

나는 누구와도 쉽게 이야기를 나눌 수 있습니다.	
나는 여러 사람들과 함께 있을 때, 여러 사람들과 대화하고 어울리는 편입니다.	
나는 친목회나 모임에서 지루해하기보다는 주로 즐거운 시간을 보냅니다.	
나는 모임에서 거의 모든 사람들과 오랫동안 대화하는 것이 쉬운 편입니다.	
나는 일정한 주제가 없어도 거의 모든 사람들과 대화를 지속할 수 있습니다.	
나는 개인적이라는 단어보다 개방적이라는 단어가 의미상 친숙합니다.	
나는 조용하다라는 단어보다 활달하다는 단어가 의미상 친숙합니다.	
나는 말이 별로 없다라는 단어보다 말로 쉽게 표현하다라는 단어가 의미상 친숙합니다.	
나는 소수의 친구라는 단어보다 다수의 친구라는 단어가 의미상 친숙합니다.	
나는 조용한이라는 단어보다 사교적이라는 단어가 의미상 친숙합니다.	
나는 조용한이라는 단어보다 활기찬이라는 단어가 의미상 친숙합니다.	
나는 일반적으로 다른 사람들이 저를 빨리 알아가는 경향이 있습니다.	
나는 많은 시간을 다른 사람들과 함께 보냅니다.	

합계 점수		양수(E:외향)		음수(I:내향)	

질문 내용	점수 (1, 0, -1)
나는 누군가에게 인정받기를 원한다면, 창의력과 독창적인 면보다 실제적이고 현실 감각이 있다고 인정받기를 바랍니다.	
나는 아이디어라는 단어보다 사실이라는 단어가 의미상 친숙합니다.	
나는 추상적 개념이라는 단어보다 사실적 진술이라는 단어가 의미상 친숙합니다.	
나는 창안하다는 단어보다 만들다라는 단어가 의미상 친숙합니다.	
나는 새롭게 내 방식을 찾기보다 다른 사람들이 해오던 방식으로 하는 편입니다.	

나는 개선할 점을 파악하고 대안을 제시하기보다는 기존의 방식을 지지하는 편입니다.					
나는 기획이라는 단어보다 생산이라는 단어가 의미상 친숙합니다.					
나는 아이디어라는 단어보다 직접 만들다라는 단어가 의미상 친숙합니다.					
나는 창의적이라는 단어보다 실용적이라는 단어가 의미상 친숙합니다.					
내가 교사라면 이론 과목보다 경험을 다루는 과목을 가르칠 것입니다.					
나는 매력적이라는 단어보다 분별 있다는 단어가 의미상 친숙합니다.					
나는 상상력이 풍부한 사람보다 현실 감각이 있는 사람들과 잘 어울립니다.					
나는 기발한 아이디어를 가지고 있는 사람보다 현실 감각이 있는 사람과 사귀고 싶다.					
나는 추상적이라는 단어보다 실질적이라는 단어가 의미상 친숙합니다.					
나는 추론이라는 단어보다 확실이라는 단어가 의미상 친숙합니다.					
나는 아이디어라는 단어보다 실제라는 단어가 의미상 친숙합니다.					
나는 상상이라는 단어보다 사실이라는 단어가 의미상 친숙합니다.					
나는 만들다라는 단어보다 창안하다라는 단어가 의미상 친숙합니다.					
나는 개념과 원리를 다루는 과목보다 사실과 숫자를 다루는 과목을 좋아합니다.					
나는 독특하고 독창적인 것보다는 뜻하는 바가 정확한 내용을 다루는 책을 좋아합니다.					
나는 상상의 세계라는 단어보다 현실의 세계라는 단어가 의미상 친숙합니다.					
나는 가능성이라는 단어보다 확실성이라는 단어가 의미상 친숙합니다.					
나는 창의적이라는 단어보다 실용적이라는 단어가 의미상 친숙합니다.					
나는 기발하고 영특한 사람에 끌리기보다는 상식이 풍부하고 실제적인 사람에 끌립니다.					
나는 이론이라는 단어보다 사실이라는 단어가 의미상 친숙합니다.					
나는 아이디어라는 단어보다 실제라는 단어가 의미상 친숙합니다.					
합계 점수		**양수(S감각)**		**음수(N직관)**	

질문 내용	점수 (1, 0, -1)
나는 감정이라는 단어보다 사고라는 단어가 의미성 친숙합니다.	
나는 감동시킴이라는 단어보다 설득시킴이라는 단어가 의미상 친숙합니다.	
나는 베풀다라는 단어보다 유익함이라는 단어가 의미상 친숙합니다.	
나는 감성적이다라는 단어보다 객관적이라는 단어가 의미상 친숙합니다.	
나는 돌보다라는 단어보다 공정하다라는 단어가 의미상 친숙합니다.	
나는 감상적이다라는 단어보다 실질적이다라는 단어가 의미상 친숙합니다.	
나는 인정이 많다라는 단어보다 의지가 강하다는 단어가 의미상 친숙합니다.	
나는 친절하다라는 단어보다 유능하다는 단어가 의미상 친숙합니다.	
나는 감상적이라는 단어보다 분석적이라는 단어가 의미상 친숙합니다.	
나는 감정보다 이성을 내세우는 편입니다.	
나는 대체로 정서보다 논리를 더 중요시하는 편입니다.	
나는 온화하다는 단어보다 강건하다는 단어가 의미상 친숙합니다.	
나는 배려하다는 단어보다 공정하다는 단어가 의미상 친숙합니다.	
나는 따뜻한 마음이라는 단어보다 예리한 사고라는 단어가 의미상 친숙합니다.	
나는 온정적이라는 단어보다 객관적이라는 단어가 의미상 친숙합니다.	
나에게 칭찬은 감정에 솔직하다는 말보다 항상 합리적이라는 말입니다.	
내가 함께 일하고 싶은 상사는 일관성이 부족하지만 좋은 사람보다 비판적이기는 하지만 일관성이 있는 사람입니다.	
나는 관대하다라는 단어보다 확고하다는 단어가 의미상 친숙합니다.	
나는 온화함이라는 단어보다 강인함이라는 단어가 의미상 친숙합니다.	
나는 동정하다라는 단어보다 분석하다라는 단어가 의미상 친숙합니다.	
나는 헌신이라는 단어보다 결단이라는 단어가 의미상 친숙합니다.	

나는 온정적인 사람이라는 칭찬보다 능력 있는 사람이라는 칭찬을 듣고 싶습니다.

나는 어떤 결정을 내릴 때, 사람들의 감정과 의견을 고려하기 보다는 사실을 검토하는 것입니다.

나는 동정적이라는 단어보다 논리적이라는 단어가 의미상 친숙합니다.

합계 점수		양수(T사고)		음수(F감정)	

질문 내용	점수 (1, 0, -1)
나는 하루라도 언제 무엇을 할 것인지 계획하고 다녀옵니다.	
나는 정해진 시간표를 따르는 것이 답답하기보다는 편안합니다.	
나는 특별한 일을 처리할 때, 그때그때 필요에 따라 대책을 세우기보다는 시작하기 전에 미리 주의 깊게 계획을 세웁니다.	
나는 계획되지 않은이라는 단어보다 계획된이라는 단어가 의미상 친숙합니다.	
나는 상황에 따른이라는 단어보다 계획에 따른이라는 단어가 의미상 친숙합니다.	
나는 느긋함다라는 단어보다 규칙적이라는 단어가 의미상 친숙합니다.	
나는 자발적이라는 단어보다 체계적이라는 단어가 의미상 친숙합니다.	
나는 일주일 안에 끝내야 할 일이 있을 때, 바로 일부터 시작하기보다는 시간을 내어 일의 목록과 처리 순서를 먼저 정합니다.	
나는 그때 상황에 따라 자유롭게 처리하기보다는 사회생활에 필요한 약속을 미리 해 두는 편입니다.	
나는 친목회나 모임을 미리 여유 있게 계획하는 편입니다.	
주말에 끝내야 하는 일이 있어 목록을 작성해야 한다면 부담스럽기보다는 즐겁게 작성하는 편입니다.	
나는 충동이라는 단어보다 결단이라는 단어가 의미상 친숙합니다.	

나는 자유로운이라는 단어보다 계획적인이라는 단어가 의미상 친숙합니다.	
나는 내 자신을 자발적인 사람보다 계획적인 사람이라고 생각합니다.	
나는 대부분의 경우 상황에 따르기보다는 계획대로 하는 편입니다.	
나는 많은 일들을 몰아서 하기보다는 계획에 따라 하는 편입니다.	
나는 대체로 일의 진행 상황에 따라 계획을 세우기보다는 미리미리 계획을 세우는 편입니다.	
나는 여행을 계획할 때, 그날그날 하고 싶은 대로 하기보다는 미리 무엇을 할지 정해 놓는 편입니다.	
나는 계획에 따라 생활하는 것이 도움이 되기 때문에 대부분의 경우 선호하는 편입니다.	
나는 큰 과제를 맡았을 때, 우선 진행하면서 필요한 사항을 알아가기보다는 먼저 일을 단계적으로 나누어 시작하는 편입니다.	
나는 일상생활의 긴박한 상황에서 시간을 다투는 것을 즐기지 않고 시간의 압박을 피하기 위해서 대체로 미리 계획을 세우는 편입니다.	
나는 그날그날 상황에 따라 일을 처리하기보다는 정해진 계획에 따라 일을 처리하는 편입니다.	

합계 점수		양수(J판단)		음수(P인식)	

〈채점 방식〉

- 각 질문에 대해 동의하면 1점, 비동의하면 -1점, 중립이면 0점을 부여합니다.
- 각 질문은 네 가지 성격 차원 중 하나와 관련이 있습니다. 예를 들어, "주기적으로 새로운 친구를 만든다."는 외향(E)과 내향(I) 차원과 관련이 있습니다.
- 각 성격 차원에 해당하는 질문들의 점수를 합산합니다. 예를 들어, 외향(E)과 관련된 질문들의 점수를 모두 더합니다.
- 각 성격 차원의 점수가 양수이면 해당 차원의 첫 번째 유형을, 음수이면 두

번째 유형을 선택합니다. 예를 들어, 외향(E)과 관련된 점수가 양수이면 외향 (E) 유형을, 음수이면 내향(I) 유형을 선택합니다.
- 네 가지 성격 차원의 유형을 조합하여 자신의 MBTI 유형을 알 수 있습니다. 예 를 들어, 외향(E), 감각(S), 사고(T), 판단(J) 유형을 선택하면 ESTJ 유형이 됩니다.

2) MBTI 유형별 특성

ISTJ(신중한 관리자/소금형): 현실적이고 책임감이 강한 ISTJ는 사실과 규칙을 중요시하며 체계적으로 계획을 세우고 이행합니다. 이들은 안정성과 조직을 추구하며 일 처리에 신중하게 접근합니다. 원칙적이며 계획을 세우는 것을 선호합니다. 여행을 가면 미리 계획을 세워 놓고 따라가는 것을 좋아합니다. 즉흥적인 행동보다는 계획적으로 움직이는 것을 좋아하며, 약속을 어기는 것을 싫어합니다. 협동하는 것보다는 혼자서 하는 것을 선호하며, 혼자 할 수 있는 일은 스스로 처리합니다. 자신의 일과 의견에 간섭을 받는 것을 싫어하며, 남에게 큰 관심을 가지지 않습니다. 자신의 이야기를 하는 것도 싫어하고, 남의 이야기를 듣는 것도 꺼려 합니다. 책임감이 강하며, 가끔 공감 능력이 부족하다는 지적을 받을 때도 있습니다. 딱딱한 성향이 있으며, 타인의 간섭을 피하기 위해 철벽을 치곤 합니다. 프로젝트를 진행할 때는 목표를 설정하고 그것을 완수하는 것을 중요시 여깁니다.
- 예시: 프로젝트 팀에서 일정을 세우고 각 단계를 체계적으로 계획

하여 목표를 달성하는 데 주도적으로 참여하는 사람.

ISFJ(용감한 수호자/권력형): 성실하고 온화한 ISFJ는 전통과 의무를 존중하며 남을 돌보는 데 충성스럽습니다. 다른 사람들의 필요를 먼저 생각하며 조화롭고 안정된 환경을 만들어갑니다.

원칙을 중시하는 성향을 갖고 있습니다. 타인의 시선을 의식하며 남들을 챙기는 것을 선호합니다. 한편으로는 외로움을 많이 타지만, 많은 사람들과 함께 있는 것을 꺼리기도 합니다. 사교적인 모임에서는 인기가 있지만, 혼자 있는 것을 선호하기도 합니다. 전화가 오면 받을지 말지 고민하며, 게으르면서도 완벽을 추구하는 성향을 지니고 있습니다. 일을 단체로 하는 것보다는 혼자서 하는 일을 선호합니다. 남들이 볼 때는 지루한 삶을 살고 있는 것처럼 보일 수 있지만, 본인은 만족스러운 삶을 살고 있다고 생각합니다. 배려심이 많고 다른 사람들의 감정에 공감을 잘 표현합니다. 그러나 인간관계에서 스트레스를 받는 경우가 많습니다. 의견이 분명하며 명확한 입장을 가지고 있으며, 내향적이기도 하면서 외향적인 모습을 보이기도 합니다. 겸손하고 칭찬을 잘해 주지만, 싫어하는 사람이 아니면 잘 까지 않으며, 관심을 별로 가지지 않습니다. 성격은 온화하고, 부탁을 받으면 대부분 수락합니다. 계획을 세우고 메모하며 기억하는 것을 좋아하며, 자신에 대한 어필보다는 남에게 나서는 것을 좋아합니다. 사람들과 어울리는 것을 즐기지만, 혼자 있는 것도 좋아합니다. 사소한 부분까지 신경을 쓰지만 동시에 쿨한 모습도 지닙니다. 애인을 사귀면 오래가는 편입니다.

- 예시: 가족이나 친구들과의 관계에서 상대방의 감정에 민감하게 반응하며, 이들이 행복하고 안전하게 느낄 수 있도록 세심하게 돌봐 주는 사람.

INFJ(예언자형): 독창적이고 이상주의적인 INFJ는 자신의 가치와 신념에 따라 행동하며 주변에 영감을 주는 리더 역할을 합니다. 다양한 아이디어와 깊은 이해력을 지니고 있습니다.

생각이 많은 성격을 가진 당신은 새로운 일이나 사람을 만나는 것을 조금 꺼리는 경향이 있습니다. 이는 낯을 가리는 성향과 함께 눈치를 빠르게 살피는 특징으로 나타납니다. 때로는 외적으로 웃고 있지만 내면에서는 부정적인 생각이 떠오르기도 합니다. 그럼에도 불구하고 여행을 다니는 것을 즐기며 집에서 벗어나 새로운 경험을 즐기고자 합니다.

일상생활에서는 일을 미리 처리하는 것을 선호하며 계획을 세우는 것을 좋아합니다. 또한, 주도적으로 나서는 것을 꺼리지만 주목받길 원하는 모습도 갖고 있습니다. 이런 모습은 내적으로는 자신의 가치를 인정받고 싶어 하는 욕구와 조심성을 가지고 있는 것으로 해석될 수 있습니다.

친한 친구들과 함께 시간을 보는 것을 즐기며 따뜻하고 친절한 대우를 하는 편입니다. 또한, 자신만의 생각을 정리하기 위해 혼자 있는 시간을 필요로 하며 조용한 활동을 즐기지만 가끔은 색다른 경험을 원할 때도 있습니다.

당신은 예술적인 분야에 대한 감수성이 풍부하며 자신이 하고 싶은 일에 열정적으로 참여합니다. 이런 특징들이 모여 당신의 독특한 매력을 만들어 냅니다.

• 예시: 사회 문제에 대한 독특한 관점을 가지고 있어, 자선 활동이나 사회 운동에 참여하며 새로운 아이디어를 제시하는 사람.

INTJ(전략가/과학자형): 독립적이고 분석적인 INTJ는 논리와 효율성을 추구하며 비전을 실현시키는 데에 주력합니다. 혁신적인 아이디어와 전략을 통해 목표를 달성하는 데 탁월합니다. 혼자 있는 것을 즐기며 사회 활동을 싫어합니다.

그러나 단체 활동에 참여할 때는 주도적인 역할을 자주 맡습니다.

또한 주변의 소란과 인파를 피하는 것을 즐기는 개인주의자입니다. 그들은 자신의 시간을 조용하고 조직적으로 보내는 것을 선호하며, 일상생활을 세세하게 계획하여 체계적으로 진행합니다. 돈과 사실에 대한 중요성을 강조하며, 이러한 가치들을 중시하는 경향이 있습니다. 감정적인 휘둘림을 싫어하며, 이성적인 해결책을 선호하는데, 이는 친구들의 고민 상담에 대한 접근 방식으로도 나타납니다.

또한 이 사람은 공상을 즐기며, 다양한 시각으로 사물이나 작품을 해석하는 것을 즐깁니다. 놀라운 상상력을 가지고 있으며, 수다를 떠는 것을 즐기는 사람으로, 그들은 다양한 주제에 대해 이야기하는 것을 즐깁니다. 인간관계를 정리하는 데 시간이 걸리지만 한 번 정하면 굳게 붙는 경향이 있으며, 사람들의 얼굴과 이름을 기억하는 데 어려움을 겪을 수 있지만, 그럼에도 불구하고 동물에 대해서는 친절하게 대합니다.

또한 완벽주의적인 성향이 있어 몇몇 물건에 집착하는 경향이 있지만, 이는 자신의 이성과 감성 사이에서 균형을 맞추려는 결과입니다. 종종 자신의 성격에 대해 이상하다는 생각을 하지만, 이것을 다른 사람들에게 지적받는 것을 싫어하며, 자신만의 방식으로 행동합니다. 마지막으로, 남을 신경 쓰지 않고 남의 일에는 무신경하지만, 이는 내성적인 성향으로 표출될 수 있습니다.

• 예시: 조직 내에서 미래 비전을 제시하고 이를 달성하기 위한 전략을 세우는 CEO나 프로젝트 매니저.

ISTP(탐험가/백과사전형): 문제 해결에 뛰어난 ISTP는 기계와 도구를 다루며 현실적인 상황에 빠르게 적응합니다. 실제 경험을 통해 학습하고 도전을 즐깁니다.

대화를 시작할 때는 무미건조하고 조용한 편입니다. 처음에는 낯을 가리지만 친해지면 뜻밖의 말장난과 재미를 느낄 수 있습니다. 하지만 새로운 사람을 만나는 것을 꺼리며, 다른 사람에게는 큰 관심을 보이지 않습니다. 이들은 자신의 이야기를 잘 하지 않으며, 카카오톡 메시지에 답변할 말이 없을 때는 대화를 이어 나가지 않는 경향이 있습니다.

혼자만의 문화생활을 즐기며, 주류에 속하는 것을 원하지 않는데, 그렇다고 자기 자랑하는 것을 좋아하지도 않습니다. 다양한 것을 공부하고 싶지만 종종 이를 이루지 못하고 미루는 경향이 있습니다. 하지만 기계를 다루는 것을 즐기며, 그것에 대한 흥미를 가지고 있습니다. 한 가지에 집중하여 끝까지 이루는 것을 선호하며, 자신이 질릴 때까지만 관심을 가지고 원하는 일만 합니다.

위계질서를 싫어하며, 자신이 하는 일에 간섭을 받는 것을 싫어합니다. 친한 사람에게는 활발하게 대화를 나누지만, 친하지 않은 사람에게는 입을 다물고 있습니다. 관심 받는 것은 좋지만 시끄러운 환경은 피하려고 합니다. 다른 사람의 욕설에는 별로 신경을 쓰지 않고, 공감 능력이 부족한 편입니다.

또한, 이 사람은 MBTI, 사주, 타로 등에 관심을 많이 가지며, 티를 내지 않으려고 하지만 때로는 티가 나곤 합니다. 청소를 싫어하지만 자신이 맡은 일은 모두 처리합니다. 관찰력은 뛰어나지만, 여러 가지를 동시에 처리하는 것을 잘 못하며 호불호가 강합니다.

• 예시: 기계 수리, 자동차 조립 등에서 손재주를 발휘하며 새로운 기술이나 도전에 빠르게 적응하는 기술자.

ISFP(예술가/성인군자형): 조용하고 친절한 ISFP는 자신의 가치와 감정에 충실하며 남의 공간과 삶을 존중합니다. 아름다움과 예술에 민감하며 창의적인 면을 지니고 있습니다. 귀찮은 일과 느린 행동을 보이며, 감정 변화가 심하고 공감 능력이 뛰어난 편입니다. 새로운 일을 미루고 집에 머무는 것을 즐기는 집순이이지만, 만약 집에 있다면 연락이 끊어진다는 경향이 있습니다. 배려심 있는 개인주의자로, 약속이 취소되면 속으로는 기쁨을 느끼곤 합니다.

혼자 있는 것을 선호하지만 만나면 능동적으로 행동하는 경향이 있습니다. 그러나 금방 지치기도 하며, 조용한 관종으로 소심한 모습을 보일 때도 있습니다. 칭찬을 받으면 그것에 대해 오랫동안 생각하며 즐거워합니다.

갈등이나 불화를 싫어하며, 사람들과 만나면 기분이 좋지 않아지는 경향이 있습니다. 자신이 시작한 일은 끝까지 해야 한다는 강한 결심을 가지고 있지만, 종종 중도에 포기하는 일이 있습니다. 또한, 결정을 내리거나 거절하는 것을 어려워하며, 타인을 위해 양보하는 것을 선호합니다.

분석적이고 비판적인 성향이 있지만, 이를 행동으로 옮기는 데 어려움을 겪습니다. 겸손한 성격으로 여겨지지만, 실제로는 자존심이 높고 내적인 불평이나 불만을 내심으로 품고 있습니다. 이처럼 다양한 모습을 가진 인간관계에 신경을 쓰는 편이며, 자신의 의견이나 분위기에 따라 행동하는 경향이 있습니다.

• 예시: 미술, 음악, 연극 등 다양한 예술 활동에서 창의적으로 표현하며 자신만의 예술적 감각을 중시하는 예술가.

INFP(재발견자/잔다르크형): 이상적이고 상상력이 풍부한 INFP는 자신의 신념과 열정에 따라 행동하며 남에게 잘 맞춰 줍니다. 긍정적인 영향력을 통해 조화로운 관계를 형성합니다. 성격 이론에 흥미를 느끼며 다양한 커뮤니티에서 활발히 활동합니다.

이상주의적인 경향이 있어 잡생각이 많고 때로는 망상에 빠지기도 합니다. 이런 성향은 상상력이 풍부하고 미래에 대한 여러 가능성을 고려하는 경향이 있습니다. 하지만 이것이 과도하게 확장되면 현실과 연결을 잃고 망상에 빠질 수 있습니다.

이런 성향으로 인해 관심을 받으면 어색한 감이 들기도 하지만, 이는 자신에 대한 자신감 부족으로 기인할 수 있습니다. 새로운 상황에 대한 대응이 서툴다고 느낄 때, 자신을 너무 심각하게 받아들이고 걱정하는 경향이 있습니다.

또한 일을 완벽하게 할 수 없다고 생각하면 시작조차 하지 않는 경향이 있습니다. 이는 자책감과 불안으로 이어질 수 있는데, 완벽주의자의 성향이 반영된 것입니다. 하지만 완벽하지 않은 것도 시도하지 않는 것보다 낫다는 사실을 알아야 합니다.

또한 해야 할 일에 대한 생각은 많지만 실제 행동으로 옮기지 않는 경우가 있습니다. 이는 계획을 세우는 것에 즐거움을 느끼지만, 실행하는 과정에서 자신의 한계와 불안을 마주하게 되면 뒷걸음질을 칠 수 있습니다.

새로운 사람에게는 쉽게 접근하지만 익숙하지 않은 환경에서는 낯을 가리는 편입니다. 이는 사교성이 있지만 새로운 환경에 대한 불안감으로 해석될 수 있습니다. 낯을 가리는 행동은 자신의 안전 영역을 유지하려는 자연스러운 방어 메커니즘이 될 수 있습니다.

좋아하는 일에는 열정적으로 몰입하지만, 열정이 일시적이고 금방 식어 버리는 편입니다. 이는 새로운 도전을 좋아하고 열정적으로 시작하지만, 장기적인 지속력이 부족할 수 있다는 것을 의미합니다. 이를 극복하기 위해서는 목표를 세우고 꾸준한 노력을 기울이는 것이 중요합니다.

게으름을 극복하기 위해 갑작스럽게 행동하기도 하지만, 일반적으로는 연락을 받는 것이 귀찮아하며 읽씹을 자주 합니다. 이는 게으름을 극복하고자 갑작스러운 행동을 취하기도 하지만, 소셜 미디어나 연락을 받는 것에 대한 부정적인 인식으로 이어질 수 있습니다.

내적 성장을 매우 중요하게 생각합니다. 이는 자기계발에 대한 강한 욕구를 반영하며, 자신의 한계를 넘어서는 것에 대한 도전을 즐기는 모습을 보여 줍니다.

우울할 때는 혼자 있어야 하며, 남에게 피해 주는 것을 최대한 피하려고 합니다. 이는 자신의 감정을 다스리고 자신을 지키기 위해 혼자 있는 것을 선호하며, 남에게 미치는 영향을 고려하는 성숙한 태도를 보여줍니다.

인간관계에 예민하며 자기애는 있지만 자존감은 낮은 편입니다. 이는 다른 사람들과의 관계에서 민감하게 반응하고, 자신에 대한 믿음이 부족한 면이 있음을 보여 줍니다. 이를 극복하기 위해서는 자신에게 더 긍정적으로 접근하고 자신을 인정하는 것이 필요합니다.

낯을 가리며 사람을 사귈 때 따지는 경향이 있습니다. 이는 신중하고 조심스러운 성향으로 해석될 수 있으며, 다른 사람들과의 관계를 현명하게 구축하려는 노력으로 이어질 수 있습니다.

• 예시: 글쓰기, 시, 소설 등을 통해 자신의 감정과 생각을 표현하며 예술적인 창작물을 만들어 내는 작가.

INTP(사색가/아이디어형): 호기심이 많고 지적인 INTP는 논리와 이론을 좋아하며 자신만의 방식으로 일합니다. 독창적이고 개념적인 해결책을 찾는 데 능숙합니다. 자발적으로 아웃사이더의 역할을 맡고, 혼자 있는 것이 가장 편하고 행복한 상태입니다. 자신을 꽤나 잘난 것으로 생각하며 공상에 잘 빠지는 편입니다. 분석과 추리를 좋아하며, 많은 생각을 가지고 있습니다.

대화 중에는 무뚝뚝한 태도를 취하며, 잡담을 싫어합니다. 어리석은 사람들을 보면 화가 날 정도로 논리적이고 무관심한 모습을 보입니다. 책을 진심으로 좋아하지만 읽기에는 귀찮아하므로 읽을 책들을 리스트에만 적어 놓습니다. 지식에 대한 욕구가 강하며, 인간을 싫어하지만 동시에 흥미로운 존재로 생각합니다.

진지한 태도로 인해 진지충이라는 소리를 자주 듣습니다. 또한, 주변에는 사람이 별로 없지만, 지낸 사람들과는 잘 지내며 감수성이 풍부하고, 말을 많이 하지 않으며 귀찮은 일을 싫어합니다. 게으르고 미루기의 끝판왕이며, 시끄러운 것을 극도로 싫어합니다.

감정 기복이 거의 없으며, 자신의 감정을 잘 표현하지 않고 묵혀 둔 채 스트레스를 받지 않습니다. 상처를 받는 일에 큰 관심이 없으며, 남이 자신을 욕하는 것에 신경 쓰지 않고, 남을 욕하는 일도 없습니다. 인간 관계에는 계산적이며, 가벼운 대화를 싫어합니다. 시작한 일은 끝까지 이끌어야 하며, 완벽하게 할 수 없다면 시작조차 하지 않습니다. 남에게 피해 주는 것을 싫어하고, 남에게 관심을 별로 가지지 않습니다. 자기 주관이 뚜렷하고, 호불호가 확실하며, 감수성이 풍부한 성격입니다.

• 예시: 새로운 이론을 연구하고 과학적인 문제를 해결하는 데에 흥미를 가지며, 학문적인 분야에서 성과를 내는 과학자나 연구자.

ESTP(사업가/활동가형): 활동적이고 재기 발랄한 ESTP는 다양한 경험과 모험을 즐기며 현재 순간을 살아갑니다. 문제 해결에 신속하게 대응하며 리더십을 펼칩니다. 외로움을 자주 느끼며, 손재주가 뛰어나며 리더십이 있습니다. 표현을 많이 하며, 어른들에게 인기가 많습니다.

이 사람은 사람들과 만나는 것을 즐기지만, 외출하기까지의 과정은 귀찮게 느껴집니다. 그렇지만 만나면 활기찬 분위기를 즐기며 사교적인 면모를 드러냅니다.

자신이 하고 싶은 일은 모두 해야 한다고 생각하지만, 때때로 실패하면 실망하고 부들부들하다가도 곧 잊어버리는 경향이 있습니다. 이는 적극적이지 않으면서도 낙천적인 성향을 보여 줍니다.

그리고 이 사람은 대충 살며 눈치를 보지 않는 경향이 있습니다. 즉, 꼼꼼함보다는 융통성을 더 중시하는 편입니다. 스트레스를 잘 받지 않지만, 적극적인 편은 아니라는 점도 눈에 띕니다.

이 사람은 공감 능력이 조금 부족하며, 남에게 큰 관심을 갖지 않습니다. 자신의 생각이나 관심사에만 집중하고, 남들의 이야기에는 큰 관심이 없습니다.

하지만 모임에서는 분위기를 주도하고 자신감을 발휘하는 경향이 있습니다. 이 사람은 자신의 말과 행동으로 주변을 활기차게 만들며, 주변 사람들에게 긍정적인 영향을 끼칩니다.

- 예시: 기업 경영이나 판매 분야에서 경험이 풍부하게 활동하며, 다양한 사람들과 소통하며 실무적인 문제를 해결하는 기업인.

ESFP(연예인/사교형): 쾌활하고 친근한 ESFP는 사람들과 어울리며 재미있는 일을 즐기며 삶의 즐거움을 중요시합니다. 감각적이고 감정 표현이 풍부합니다. 성격이 매우 급하며, 자신을 우주 최강으로 여기는 경향이 있습니다.

이 사람은 삶을 대충 흘러가게 두는 경향이 있으며, 걱정거리가 생겨도 잠시 후에는 마음의 부담을 덜어내는 것으로 보입니다. 또한, 자신이 하고 싶은 일은 모두 이루어져야 한다고 생각하지만, 싫어하는 일은 미루는 것을 선호합니다. 이는 고집이 세고 자신의 시간을 소중히 여기며 혼자 있을 때는 계속해서 활동해야 한다는 강한 욕구를 반영합니다.

그리고 이 사람은 모임에서의 침묵을 싫어하며, 사람들과 소통하고 활발하게 대화하는 것을 선호합니다. 그러나 집을 나가는 것이 귀찮은 모습을 보이는데, 이는 사회적 상호작용을 즐기지만 외부 활동에 대해선 소극적인 모습을 드러냅니다.

또한, 이 사람은 사람을 좋아하고 사교성이 좋으면서도 평화를 선호하는 편입니다. 다른 사람들의 장점을 살피고 자신의 자존감이 높은 편으로 보입니다. 이는 친화력과 자애로운 성향을 함께 지니고 있음을 시사합니다.

• 예시: 무대에서 노래하거나 연기하는 것을 즐기며, 사람들과 소통하고 즐거움을 전파하는 예능인이나 엔터테이너.

ENFP(활기차게 이끄는 자/스파크형): ENFP는 열정적이고 창의적인 성격으로, 새로운 가능성과 아이디어를 발견하며 주변에 긍정적인 영향을 끼칩니다. 융통성 있고 열린 마음을 가지고 있어서 새로운 경험과 아이디어를 환영하고 탐구합니다. 그러나 그들의 정신은 종종 산만하고 생각이 많아서, 고집이 센 면도 있습니다.

일반적으로 주도적으로 행동하지 않지만, 때로는 답답함을 느껴 다른 사람들이 아무것도 하지 않으면 스스로 나서는 경향이 있습니다. 또한, 낯을 좀 가리지만 한 번 친해지면 금방 친해지고 대화를 즐기며 말이 많아집니다. 그들은 자신의 관심사나 흥미 있는 분야에는 열정적으로 몰입하고, 이를 통해 고민 상담을 많이 받기도 합니다.

그러나 이 사람은 한 가지에 쉽게 몰두하면서도 그만두는 것도 쉽게 생각합니다. 이들은 매일 하나의 행복한 일을 정해 놓고 그것을 이루는 것에 큰 설렘이 있습니다. 친구들과의 대화를 즐기며 새로운 인연을 형성하는 것을 즐기며, 감정 기복이 심하고 감정 표현이 얼굴에 잘 드러나는 편입니다.

이 사람은 계획 없이 즉흥적인 결정을 내리는 경향이 있으며, 자신이 하고 싶은 일을 꼭 이루고자 하는 강한 의지를 가지고 있습니다. 그러나 저축을 잘하지 않고 소비에 소질이 없는 편이기도 합니다. 이러한 특징들이 ENFP의 독특한 매력과 동시에 도전적인 면모를 부각시킵니다.

• 예시: 사회 운동이나 자원 봉사에 참여하며 긍정적인 에너지와 창의적인 아이디어로 주변을 활기차게 만드는 활동가.

ENTP(발명가형): 독창적이고 도전적인 ENTP는 논쟁과 토론을 즐기며 혁신적인 해결책을 제시합니다. 유연하게 상황을 대처하고 새로운 아이디어를 구상합니다. 혼자서 돌아다니는 것이 가장 편안하며, 독립심이 강합니다.

이 사람은 성격적으로 탐욕적이고 자존심이 강하며, 고집이 세고 냉철한 모습을 보입니다. 또한, 나에게 잘해 주는 사람에게는 두 배로 잘해 주지만, 그렇지 않은 사람에게는 아무런 관심도 없다는 점이 돋보입니다. 이는 그의 관계에서 자신의 우선순위와 이해관계에 대한 태도를 보여 줍니다.

한편, 외부에서 노는 것을 즐기지만 집에서도 편안한 시간을 즐기는 것을 선호합니다. 변덕이 심하며 자기애가 강하며 직설적이고 솔직한 성향을 가지고 있어서, 그의 사고방식이나 행동이 매우 단호하고 직설적으로 드러나는 편입니다.

또한, 그는 다른 사람들의 일에는 별 관심이 없으며, 자신이 어떻게 여겨지는지에도 크게 신경 쓰지 않습니다. 이는 그의 관계에서 주변 사람들의 평가나 의견에 크게 신경 쓰지 않는다는 것을 의미합니다.

과거에 대한 후회가 없어서 힘든 일도 빨리 털어 내는 경향이 있으며, 자기 합리화와 포기를 잘하는 편입니다. 이는 그의 심리적인 안정과 적응력이 뛰어나며, 현재의 욕망을 중시하면서 현실에 안주하는 경향을 보여 줍니다.

또한, 감정 기복이 심하며 혼자만의 시간을 필요로 하는데, 이는 그가 외부와의 소통을 즐기지만 동시에 자신만의 공간과 시간을 중요하게 생각하는 모습을 보여 줍니다.

마지막으로, 손재주가 있으며 다방면에 적당한 재능을 가지고 있지만, 모든 것을 엄청 잘하지는 않습니다. 이는 그의 다재다능함과 재능이 있다는 점을 강조하면서도 그의 한계를 인정하는 태도를 보여 줍니다.

• 예시: 혁신적인 기술이나 제품을 개발하고, 논쟁과 토론을 통해 다양한 분야에서 새로운 아이디어를 제시하는 발명가나 기업가.

ESTJ(관리자/사업가형): 체계적이고 단호한 ESTJ는 규칙과 목표를 세우며 효율적으로 일을 추진합니다. 리더십과 조직적 능력을 발휘합니다. 고집이 강하고 냉철하며 이성적이고 직설적인 성향을 갖고 있습니다. 자신의 선호나 싫음을 명확히 알고 있으며, 사람이 많은 장소나 사회적인 활동보다는 혼자 있는 시간을 더 선호합니다. 리더로서의 역할을 자발적으로 맡기보다는 피하려는 경향이 있지만, 맡게 된다면 책임감 있게 이끌어 나가는 모습을 보입니다.

새로운 경험보다는 배우는 것을 선호하며, 자신의 시간을 혼자 보내는 것을 귀찮아하지 않습니다. 또한 외로움을 크게 타지 않지만, 혼자 있는 것을 즐기는 편입니다. 갈등이나 싸움을 피하려 하지만, 싸움을 피할 수 없는 경우에는 반드시 이기려고 합니다. 또한, 일 처리의 미흡함을 가장 싫어하며, 시간 약속을 어기는 것이나 즉흥적인 행동을 싫어합니다.

타인에게 별로 신경을 쓰지 않고 자신의 목표나 계획에 집중하는 편입니다. 자신이 정한 목표를 이룰 때까지 끈질기게 노력하며, 그 과정에서도 주변의 의견이나 방해를 받아들이지 않는 경향이 있습니다.

• 예시: 대인 관계에서 다양한 사람들과 친절하게 소통하며, 가족이나 친구들을 모아 조화롭고 따뜻한 환경을 유지하는 조직의 동료.

ESFJ(사교인/친선도모형): 협조적이고 사교적인 ESFJ는 남을 돕고 인화를 중시하며 조화로운 환경을 만들어 갑니다. 타인의 감정을 이해하고 공동체의 일원으로서 역할을 수행합니다. 예기치 않은 일이나 계획의 변화를 싫어합니다. 그렇기 때문에 혼자서 계획을 세우고 그것이 어그러지는 것을 거의 참지 못하는 편입니다. 술자리에서는 분위기를 즐기고 사람들과의 대화를 즐기며 즐거워합니다. 하지만 외부 활동이나 사교적인 상황에서는 어색함을 느끼는 경우가 많습니다.

책을 읽거나 영화를 보는 것을 즐기며, 자기계발이나 예술 작품에 대한 관심이 많습니다. 또한, 상담이나 고민을 듣는 일에 능숙하며, 주변 사람들에게 배려심이 깊습니다. 그러나 상처를 받았을 때에도 그 사람을 배려한다고 말하지 않는 경향이 있으며, 남의 시선을 많이 의식하는 편입니다.

- 예시: 대인 관계에서 다양한 사람들과 친절하게 소통하며, 가족이나 친구들을 모아 조화롭고 따뜻한 환경을 유지하는 조직의 동료.

ENFJ(언변 능숙자)형: 친절하고 책임감 있는 ENFJ는 남의 성장과 발전을 돕고 사회적인 가치를 실현시키는 데에 기여합니다. 강력한 리더십과 사회적인 영향력을 지닙니다. 대체로 활발하고 외향적입니다. 사람들과 어울리고 이끄는 것을 좋아하며, 다른 이들과의 소통을 즐깁니다. 주변 사람들의 신뢰를 받는 것을 중요하게 생각하며, 상대방이 나를 신뢰한다는 느낌을 받으면 활기찬 느낌을 받습니다. 또한, 일에 대한 관심이 많으며 객관적이고 직관적인 판단력을 가지고 있습니다. 계획을 세우고 이를 추진하는 것을 즐기며, 센스와 눈치가 빠른 편입니다.

하지만, 때로는 주변의 반응에 민감하게 반응하기도 하며, 다른 사람들의 기대에 부응하려는 경향이 있습니다. 이러한 특성으로 인해 상처를 받는 경우가 있지만, 그럼에도 불구하고 강한 멘탈을 가지고 있습니다. 또한, 자기 자신을 잘 알고 있고 혼자 있는 시간을 즐기는 것을 좋아합니다.

• 예시: 사회사업이나 교육 분야에서 사람들과 소통하고 협력하여 조직의 목표를 달성하는 사회 변화를 이끄는 지도자.

ENTJ(지도자형): 리더십이 강하고 자신감 있는 ENTJ는 팀플에서는 보통 총대를 맡아서 일을 처리하게 되고, 다른 사람들에게 의존하거나 의지하는 스타일은 아닙니다. 내가 믿을 수 있는 사람은 오직 나뿐이며, 열등감을 느낀 적이 거의 없습니다. 피해 주거나 받는 것을 극도로 싫어하며, 남의 일에는 별로 관심이 없습니다.

다른 사람들이 무엇을 어떻게 해야 한다고 말하는 것을 싫어하며, 때로는 냉철해지면 끝도 없이 냉철해질 때가 있습니다. 성격이 불도저와 같은 경향이 있으며, 자기애가 강합니다. 감정적인 공감 능력이 부족하며, 내 일은 내 일이고 남의 일은 남의 일이라고 생각합니다.

친구들이 하소연을 해도 공감하는 것이 아니라 해결책을 찾아주는 편입니다. 새로운 사람을 만나는 것은 좋아하지만, 깊은 관계를 맺는 것은 별로 선호하지 않습니다. 머릿속에서 여러 시뮬레이션을 거쳐 해결책을 찾아가는 경향이 있으며, 현실적이고 논리적인 성향을 가지고 있지만 혼자 있을 때는 상상력이 풍부해집니다. 사람이 많을 때는 프로페셔널한 모습을 보이지만, 혼자 있을 때는 몽상가가 됩니다.

전략과 계획을 세우며 목표를 달성하기 위해 노력합니다. 높은 실행력과 결과 지향적입니다.

- 예시: 대기업의 CEO나 정치인으로서 전략과 계획을 통해 조직을 이끄는 지도자이며, 목표 달성을 위해 역량을 발휘하는 혁신가.

2. 나의 심리도식(삶의 덫) 찾기[37]

질문 내용은 각 삶의 덫에 해당하는 문제를 가진 사람들이 자신의 생각과 느낌을 평가할 수 있도록 도와주는 문항들로 구성되어 있습니다. 각 문항에 대해 1부터 6까지의 점수는 다음과 같습니다.

완전히 나와 다르다	대부분 나와 다르다	다른 면보다 일치하는 면이 좀 더 많다	어느 정도는 나와 일치한다	대부분 나와 일치한다	완전히 일치한다
1점	2점	3점	4점	5점	6점

∨된 항목이 자신의 삶의 덫에 해당합니다.

버림받음의 덫	①: 어린 시절 (12살 이전)	②: 현재 (최근 6개월)	③: 둘 중 (①과 ② 중에) 높은 점수
날 떠나 버릴지도 모른다는 두려움에 사람들에게 매달린다.			
사랑하는 사람이 다른 사람을 더 좋아하게 되어 나를 떠날까 봐 굉장히 걱정한다.			
④번: (③번 중에서 제일 높은 숫자)	④번의 점수가 4~6점 사이에 들면 ∨한다		

---

37) Jeffrey E. Young, Janet S. Kiosko, 『삶의 덫에서 벗어나 새로운 나를 열기』 최영희 역, 서울: 메타미디어, 2022, 25-28.

불신과 학대의 덫	①: 어린 시절 (12살 이전)	②: 현재 (최근 6개월)	③: 둘 중 (①과 ② 중에) 높은 점수
사람들의 궁극적인 목적이 무엇인지 경계하는 편이다.			
사람들이 나를 해치지나 않을까 하는 걱정에 경계를 늦출 수가 없다.			
④번: (③번 중에서 제일 높은 숫자)		④번의 점수가 4~6점 사이에 들면 ∨한다	

취약성의 덫	①: 어린 시절 (12살 이전)	②: 현재 (최근 6개월)	③: 둘 중 (①과 ② 중에) 높은 점수
보통 사람들보다 병에 걸리거나 다른 나쁜 일이 내게 닥칠까 봐 더 많이 걱정하는 편이다.			
파산해서 거지가 되거나 남에게 의탁하게 될까 봐 걱정한다.			
④번: (③번 중에서 제일 높은 숫자)		④번의 점수가 4~6점 사이에 들면 ∨한다	

의존의 덫	①: 어린 시절 (12살 이전)	②: 현재 (최근 6개월)	③: 둘 중 (①과 ② 중에) 높은 점수
살아가는 동안 혼자 힘으로 난관을 극복해 나갈 수가 없기에 도움을 줄 사람이 필요하다.			
부모님과 나는 서로의 사생활에 지나치게 관여하는 경향이 있다.			
④번: (③번 중에서 제일 높은 숫자)		④번의 점수가 4~6점 사이에 들면 ∨한다	

정서적 결핍의 덫	①: 어린 시절 (12살 이전)	②: 현재 (최근 6개월)	③: 둘 중 (①과 ② 중에) 높은 점수
나를 돌봐 주거나 나와 마음을 나누거나 내게 일어나는 일에 대해 깊이 염려해 줄 사람이 없었다.			
이해와 공감, 지도, 충고, 지지에 대한 나의 정서적 욕구를 사람들이 만족시켜 준 적이 없다.			
④번: (③번 중에서 제일 높은 숫자)		④번의 점수가 4~6점 사이에 들면 ∨한다	

사회적 소외의 덫	①: 어린 시절 (12살 이전)	②: 현재 (최근 6개월)	③: 둘 중 (①과 ② 중에) 높은 점수
나는 소속감이 없다. 나는 남들과 다르고 어디에도 어울리지 않는다.			
나는 따분하고 싫증나는 사람이다. 사교적인 자리에서 어떻게 이야기해야 할지 모르겠다.			
④번: (③번 중에서 제일 높은 숫자)		④번의 점수가 4~6점 사이에 들면 ∨한다	

결함의 덫	①: 어린 시절 (12살 이전)	②: 현재 (최근 6개월)	③: 둘 중 (①과 ② 중에) 높은 점수
내가 원하는 사람이 나의 모든 진실을 알게 되면 나를 사랑할 수 없을 것이다.			
나는 다른 사람들의 사랑과 관심, 존경을 받을 가치가 없다.			
④번: (③번 중에서 제일 높은 숫자)		④번의 점수가 4~6점 사이에 들면 ∨한다	

실패의 덫	①: 어린 시절 (12살 이전)	②: 현재 (최근 6개월)	③: 둘 중 (①과 ② 중에) 높은 점수
나는 일(학업)에 있어서 남들보다 능력이 없다.			
남들보다 재능이나 지적 능력, 경력이 모자라기 때문에 나는 이 자리에 어울리지 않는다고 느낀다.			
④번: (③번 중에서 제일 높은 숫자)		④번의 점수가 4~6점 사이에 들면 ∨한다	

복종의 덫	①: 어린 시절 (12살 이전)	②: 현재 (최근 6개월)	③: 둘 중 (①과 ② 중에) 높은 점수
나는 다른 사람들이 원하는 대로 해 줄 수밖에 없다. 그러지 않으면 어떤 방식으로든 내게 보복하거나 나를 거부할 것이다.			
사람들은 내가 남들만을 위하고 자신을 위할 줄 모른다고 생각한다.			
④번: (③번 중에서 제일 높은 숫자)		④번의 점수가 4~6점 사이에 들면 ∨한다	

특권 의식의 덫	①: 어린 시절 (12살 이전)	②: 현재 (최근 6개월)	③: 둘 중 (①과 ② 중에) 높은 점수
다른 사람들이 지키는 정상적인 규칙이나 관례를 따를 필요는 없다.			
나는 일상적이고 지루한 일들을 완수해 내거나 내 감정을 조절하는 습관을 기르지 못했다.			
④번: (③번 중에서 제일 높은 숫자)		④번의 점수가 4~6점 사이에 들면 ∨한다	

엄격한 기준의 덫	①: 어린 시절 (12살 이전)	②: 현재 (최근 6개월)	③: 둘 중 (①과 ② 중에) 높은 점수
나는 최선을 다한다. 적당한 수준에 만족할 수 없다.			
나는 할 일이 너무 많아서 쉬거나 즐길 시간이 없다.			
④번: (③번 중에서 제일 높은 숫자)	④번의 점수가 4~6점 사이에 들면 ∨한다		

2단계: 새로운 경험 만들기

1. 심상치료

1) 심상치료의 정의

상상하는 행위와 실제 행동은 뇌에서 동일한 신경학적인 과정을 거치게 됩니다. 다시 말하면, 뇌는 상상과 현실을 명확히 구분하지 않습니다. 이러한 뇌의 특성을 활용하여 일상에서 실질적인 도움을 받을 수 있는 방법 중 하나가 심상치료입니다.

심상치료는 상상을 기반으로 한 치료법으로, 상상력과 감정을 활용하여 심리적인 문제나 장애를 해결하는 데 사용됩니다. 주로 과거의 불안, 공포, 트라우마와 같은 감정적인 문제에 대처하는 데 사용되며, 상상력을 활용하여 자신의 감정을 다루게 됩니다. 이를 통해 새로운 시각을 얻고, 자신의 감정을 효과적으로 다루는 방법을 개선할 수 있습니다.

19세기 말 서양에서 심상을 활용하는 여러 기법이 소개되면서 나타나기 시작했는데, 심상을 기반으로 하는 치료는 주로 정신의학이나 정신분석과 관련되어 있습니다. 역사적으로 심상을 통한 치료는 고대의 여러 통과 의례적 행사에서 사용되어 왔으며, 현대에는 명상, 요가, 이완, 최면 등과 함께 다양한 형태로 실행되고 있습니다. 최근에는 행동주의적 심상치료까지 다양한 방식으로 진행되고 있습니다.

2) 심상치료의 효과

심상치료는 왜곡된 이미지 수정, 나에 대해서 1인칭 관점이 아닌 2인칭, 3인칭의 관점의 객관적 시점으로 볼 수 있습니다. 사고에 의한 트라우마를 겪고 있는 생존자나 희생자, 목격자 관련 심상치료에서는 위로와, 사건을 본인이 원하는 데로 되돌리는 과정을 통해서 심상을 변화시킬 수 있습니다. 망자와 관련된 생각 변화, 현존하는 위험에 대한 감소, 외상에 대해서 행동화 상상으로 상황 바꾸기, 억제되고 감정 표현을 하지 못할 때에도 심상치료의 효과를 기대할 수 있습니다. 심상치료는 자신의 상황과 문제에 따라 적절한 목표를 설정하여 수행하는 것이 중요하며 심상치료를 통해서 얻고자 하는 효과는 다음과 같습니다.

〈심상치료의 효과〉

- 자아 강화: 심상치료는 자아 강화에 효과적입니다. 심상을 통해, 자신의 내면 세계를 탐색하고, 자신에 대한 이해와 인식을 높일 수 있습니다.
- 감정 조절: 심상치료는 감정 조절에도 효과적입니다. 심상을 통해, 자신의 감정을 이해하고 조절하는 방법을 배울 수 있습니다.

- 행동 변화: 심상치료는 행동 변화를 유도하는 데 효과적입니다. 심상을 통해, 자신의 행동을 살펴보고, 개선하는 방법을 찾아낼 수 있습니다.
- 자기 효능감 강화: 심상치료는 자기 효능감을 강화하는 데 효과적입니다. 심상을 통해, 자신의 문제를 해결할 수 있는 능력을 강화하고, 자신에 대한 믿음을 높일 수 있습니다.
- 자기 인식 증진: 심상치료는 자기 인식을 증진하는 데도 효과적입니다. 심상을 통해, 자신의 내면세계를 탐색하고, 자신에 대한 이해와 인식을 높일 수 있습니다.

3) 심상치료 방법

심상을 활용한 체험적 작업은 감정적인 수준에서 스키마에 맞서기 위한 이유가 있습니다. 일반적으로는 스키마에 부합하거나 반하는 증거를 논리적으로 검토하고 반박하는 인지적 접근이 있어도, 머릿속에서는 이해되더라도 가슴에서는 완전한 일치가 이루어지지 않을 때가 많습니다. 따라서 머리와 가슴이 일치하기 위해서는 심상 작업이 필요합니다.

심상대화 작업은 아동 시절에 스키마를 형성한 사람이나 현재 생활에서 스키마를 강화시키는 사람과 상상 속에서 대화를 나누는 방법입니다. 특히 분노를 표현하는 경우, 스키마에 맞서 싸우고 거리를 두는 힘을 심어 주어 분노를 효과적으로 표현할 수 있게 합니다. 부모에게 분노를 표현하는 과정에서는 부모를 가장 먼저 다루는 것이 좋습니다.

심상 속에서 지지해 줄 수 있는 대상을 만들어 부모에 대한 화를 표출하면, 스키마에 맞서기 힘든 이유 중 하나인 스키마를 자기 자신으로 느껴지는 것을 외재화하여 거리를 둘 수 있습니다.

심상치료를 통해서 다룰 수 있는 내용과 심상치료기법은 다음과 같습니다.

〈심상치료기법〉

- 용서를 위한 심상화 작업: 시간을 두고 실시되어야 하며, 먼저 분노를 표현하고 가슴에서 스키마가 변하지 않는 이유를 이해하는 것이 중요합니다. 슬픔을 표현하는 작업은 어린 시절의 슬픔을 상상하고, 현재의 진실을 슬픔과 함께 받아들이는 것이 중요합니다.
- 재양육을 위한 심상 작업: 자신의 양육 경험을 재해석하여 취약한 아동 시기에 부족한 부분을 제공하고, 건강한 자신이 취약한 부분을 보호하고 지원하는 방향으로 상상합니다.
- 외상적 기억(PTSD)에 대한 심상화 작업: PTSD 심상변화치료는 PTSD(외상 후 스트레스 장애) 증상을 다루는 치료적 접근법 중 하나입니다. 이는 PTSD 환자가 외상적인 기억을 재구성하고 재해석함으로써 그들의 증상을 완화하는 데 중점을 두고 있습니다.

우선, 외상적인 기억을 다시 경험하고 재해석해서 외상적인 상황을 상상하고 기억하는 과정을 통해 자신의 감정과 생각을 탐색합니다. 그리고 재해석과 변화의 단계로 이전에 부정적으로 해석되었던 측면을 새롭게 이해하도록 도와 외상 기억의 다른 측면을 탐구하고, 새로운 시각에서 외상을 이해하고 처리하게 됩니다. 마지막으로 자신의 외상 경험을 과거의 일이라는 것을 인식하고, 외상 경험이 그들의 현재와 미래를 제약하지 않는다는 것을 이해할 수 있도록 돕습니다.
- 편지 쓰기 방법: 부모나 타인에게 편지를 쓰되 보내지 않고, 내 감정과 권리를 표현할 수 있는 기회를 제공하는 데 활용됩니다.
- 행동패턴을 변화시키기 위한 심상화 작업: 회피나 과잉 보상과 같은 역기능적 대처 모드를 극복하고, 건강한 관계를 형성하는 방식으로 상상합니다. 대처 방식이 아닌 건강한 행동에 중점을 두어 심상화 작업을 통해 새로운 행동 패턴을 학습하게 됩니다.

상담자와 내담자 간의 심상화 작업이 아닌 셀프 심상화 작업에서 주의할 점은 내 자신을 객관적인 3인칭 시점으로 심상속의 경험을 살펴봐야 합니다. 심상화 작업 도중 불안을 느끼면 즉시 현재에 집중하여 안정을 찾도록 합니다. 그리고 심상치료의 처음에는 집중을 위하여, 끝은 안정을 위해서 호흡으로 시작하고 끝내는 것을 권합니다.

처음에는 심상화 과정을 잘 모르기 때문에 눈을 감고 혼자서 진행하는 것이 어렵습니다. 그러므로 눈을 뜨고 시나리오를 읽어 가며 머리로는 상상을 하는 방법을 취합니다. 이렇게 반복하다 보면 시나리오를 보지 않고 스스로 심상치료를 진행할 수 있고, 언제 어디서나 본인이 필요로 하는 심상치료를 할 수 있게 됩니다.

〈심상치료 연습(기본)〉

- 자신의 심상 속에서 떠오르는 상황을 마치 현재에 진짜로 일어나는 것처럼 생각합니다. 단어나 생각이 아닌 영상을 떠올려 보세요.
- 눈을 감고 마음속에 어떤 심상이 떠오르는지 집중해 봅니다. 이는 마치 마음속에 상영되는 영화를 직접 체험하는 것과 같은 느낌이어야 합니다.
- 나는 지금 무엇을 보고 있는지 상상합니다. 무슨 소리가 들리는지, 나의 모습과 표정은 어떤지 등을 자세히 관찰합니다.
- 심상 속의 나에게 집중하여 나의 생각과 감정을 탐색합니다. 나는 거기에서 무엇을 하고, 어떤 감정을 느끼며, 신체적으로 어떤 반응을 보이고 있는지 등을 자문합니다.
- 심상이 뚜렷해지면, 등장하는 모든 인물들에 대한 생각과 감정을 살펴봅니다. 내가 등장하는지, 내가 어떤 생각과 감정을 품고 있는지, 그리고 다른 인물들의 관점에서 어떻게 비춰지는지를 살펴봅니다.
- 등장인물들의 마음속으로 들어가, 서로에 대한 감정과 기대, 터놓을 수 있는 이야기 등을 탐색합니다.
- 심상이 끝나면 주제가 무엇이었는지, 어떤 의미가 있는지, 어떤 스키마와 관련이 있는지 정리합니다.

2. 켄 윌버의 사상한을 이용한 통합적 심상치료

① 1사분면 내 몸 내부로 들어가는 심상기법: 몸, 심리적 통증 찾기

2사분면	1사분면
과거로 돌아가는 심상 기법	내 몸 내부로 들어가는 심상 기법
심리도식 찾기	몸, 심리적 통증 찾기
3사분면	**4사분면**
의식 확장 심상 기법	내면의 아이와 심상 대화 나누기
일상에서의 부적응도식 찾기	새로운 경험 만들기

〈통합적 심상 치료〉

〈몸, 심리적통증 찾기 심상 기법〉

편안한 자세로 앉아 눈을 감습니다(처음엔 시나리오를 봐야하니 눈은 글씨에 머리로는 그림을 그립니다). 누워서 하셔도 좋습니다.

숨을 천천히 들이마시고 천천히 내쉽니다.

숨을 들이쉬고 내쉴 때마다 아랫배가 부풀어 오르고 내려가는 것을 느껴 봅니다.

숨이 들어오고 나갈 때 몸 안에서 느껴지는 감각에 의식을 집중합니다.

숨을 깊이 들이마시고 천천히 내쉽니다.

다시 한번 숨을 깊이 들이마시고 천천히 내쉽니다.

숨을 들이쉬고 내쉴 때마다 나의 몸에 대한 생각과 이미지들이 사라집니다.

머릿속에 가지고 있던 내 몸의 생김새나 특징에 대한 이미지들이 사라지고 머릿속이 텅 비워집니다.

생각은 모두 사라지고 느낌만이 있습니다.

몸을 하나의 에너지장으로 느껴 봅니다.

그 에너지장에 의식을 집중합니다.

생각하지 말고 느낌에만 머무릅니다.

내 몸의 경계가 없는 하나로 느껴질 것입니다.

그 느낌 속으로 좀 더 깊이 집중해 보세요.

그 느낌과 하나가 되어 보세요.

잠시 동안 에너지장과 하나가 되어 현존에 머무르겠습니다.

몸에는 어떤 감각(느낌, 소리, 이미지)이 느껴집니까?

그 몸의 감각(느낌, 소리, 이미지)과 위치를 느끼면서 집중해 봅니다.

그 감각(느낌, 소리, 이미지)을 떠올리면 무엇이(어떤 소리가, 어떤 냄새가 혹은 향기가, 어떤 감정이, 몸 어디에서) 보입니까?(들립니까? 느껴집니까?)

그것들(감각, 느낌, 소리, 이미지)에게 말해 주세요.

'괜찮아. 힘들었지.', '긴장해도 괜찮아.', '많이 불편했지.' '이제 내가 편안하게 해 줄게. 걱정하지 마.'

긴장하고 불안했던 마음을 따스하게 안아 줍니다.

마음을 토닥토닥 위로해 주셨다면 나의 호흡을 바라봅니다.

숨을 빨리 쉬고 있을 거예요. 괜찮습니다. 점점 호흡이 편안해져 갈 것입니다.

잠시 편안하게 호흡합니다.

숨을 들이쉬고 내쉴 때마다 가슴에 올린 손의 움직임을 느껴 보세요.

손을 그대로 가슴에 올려 둔 채 나의 아랫배 안에 작은 풍선이 들어 있다고 상상합니다.

숨을 들이쉴 때 풍선이 배 안에서 부풀어 오르며 배가 아랫배 방향으로 자연스레 나옵니다.

점점 힘이 빠지고 호흡이 편안하고 부드러워집니다.

호흡이 익숙해질 때까지 잠시 편안하게 호흡합니다.

코로 숨 들이마시며, 배가 나오고 입으로 내쉬며 배가 들어갑니다.

코로 숨 들이마시면, 풍선이 부풀고 입으로 내쉬며 풍선이 들어갑니다.

이때 가슴과 어깨가 움직이거나, 들썩이지 않고 배만 나왔다 들어갑니다.

포인트는 힘을 빼고 부드럽게 호흡하는 것입니다.

지금부터는 좀 더 길게 호흡합니다.

2초간 숨 들이쉬고 3초간 내쉽니다.

- 편안해질 때까지 반복 -

2초간 숨 들이쉬고 4초간 내쉽니다.

- 편안해질 때까지 반복 -

4초간 숨 들이쉬고 6초간 내쉽니다.

- 편안해질 때까지 반복 -

4초간 숨 들이쉬고 8초간 내쉽니다.

- 편안해질 때까지 반복 -

몸과 마음이 조금 더 안정을 찾을 때까지 천천히 호흡합니다.

심상화 과정에서 어떠한 감각이 느껴졌고, 그 감각이 느껴졌을 때 나의 몸에서는 어떤 반응이 일어났는지 기록합니다.

② 2사분면 과거로 돌아가는 심상 기법: 심리도식 찾기

〈심리도식 찾기 심상 기법〉

편안한 자세로 앉아 눈을 감습니다(처음엔 시나리오를 봐야 하니 눈은 글씨에 머리로는 그림을 그립니다). 누워서 하셔도 좋습니다.

숨을 천천히 들이마시고 천천히 내쉽니다.

숨을 들이쉬고 내쉴 때마다 아랫배가 부풀어 오르고 내려가는 것을 느껴 봅니다.

숨이 들어오고 나갈 때 몸 안에서 느껴지는 감각에 의식을 집중합니다.

숨을 깊이 들이마시고 천천히 내쉽니다.

다시 한번 숨을 깊이 들이마시고 천천히 내쉽니다.

숨을 들이쉬고 내쉴 때마다 나의 몸에 대한 생각과 이미지들이 사라집니다.

머릿속에 가지고 있던 내 몸의 생김새나 특징에 대한 이미지들이 사라지고 머릿속이 텅 비워집니다.

나는 이제 내가 아닙니다.

나는 시공간을 초월한 전체입니다.

내 몸에서 벗어난 자율과 해방감을 느껴 봅니다.

그렇게 해방된 내가 통증의 근원을 찾아서 빠르게 시간여행을 떠납니다.

그곳이 어린 시절일 수 있고, 최근일 수도 있습니다. 내려다보고 있는 내가 아프다고 하는 그것의 원인을 찾기 위해서 탐색하고 있습니다.

무엇이 보이나요?(들리나요?).

그 장면이 고통스러운가요?

그 고통스러운 장면은 나와 어느 정도 거리에 있나요?

너무 고통스럽다면 한 걸음 물러나 보겠습니다.

어떠신가요? 조금 편안해지셨나요?

만약 아직도 편안하지 않다면 편안해질 때까지, 안전하다고 느껴질 때까지 조금 더 물러나 보겠습니다.

만약 그래도 불편하다면 나를 지지해 주는 다른 사람과 함께 하늘 높이 올라가서 내려다보겠습니다.

조금 편안해지셨다면, 이제 안전하다고 느끼셨다면 다시 아까의 장면을 내려다보세요.

그곳에서는 어떤 장면이 어떻게 보이시나요?

안도감을 느끼는 상태에서 그 장면을 저장해 놓겠습니다.

그것들은 이제 나에게 아무런 해를 끼칠 수 없습니다.

저 몸에 어떤 일이 일어나던 나는 지금 여기에서 괜찮을 수 있습니다.

'괜찮아. 힘들었지.', '긴장해도 괜찮아.', '많이 불편했지.' '이제 내가 편안하게 해 줄게. 걱정하지 마.'

긴장하고 불안했던 마음을 따스하게 안아 줍니다.

마음을 토닥토닥 위로해 주셨다면 나의 호흡을 바라봅니다.

숨을 빨리 쉬고 있을 거예요. 괜찮습니다. 점점 호흡이 편안해져 갈 것입니다.

잠시 편안하게 호흡합니다.

숨을 들이쉬고 내쉴 때마다 가슴에 올린 손의 움직임을 느껴 보세요.

손을 그대로 가슴에 올려 둔 채 나의 아랫배 안에 작은 풍선이 들어 있다고 상상합니다.

숨을 들이쉴 때 풍선이 배 안에서 부풀어 오르며 배가 아랫배 방향으로 자연스레 나옵니다.

점점 힘이 빠지고 호흡이 편안하고 부드러워집니다.

호흡이 익숙해질 때까지 잠시 편안하게 호흡합니다.

코로 숨 들이마시며, 배가 나오고 입으로 내쉬며 배가 들어갑니다.

코로 숨 들이마시면, 풍선이 부풀고 입으로 내쉬며 풍선이 들어갑니다.

이때 가슴과 어깨가 움직이거나, 들썩이지 않고 배만 나왔다 들어갑니다.

포인트는 힘을 빼고 부드럽게 호흡하는 것입니다.

지금부터는 좀 더 길게 호흡합니다.

2초간 숨 들이쉬고 3초간 내쉽니다.
- 편안해질 때까지 반복 -
2초간 숨 들이쉬고 4초간 내쉽니다.
- 편안해질 때까지 반복 -
4초간 숨 들이쉬고 6초간 내쉽니다.
- 편안해질 때까지 반복 -
4초간 숨 들이쉬고 8초간 내쉽니다.
- 편안해질 때까지 반복 -
몸과 마음이 조금 더 안정을 찾을 때까지 천천히 호흡합니다.

통증을 느끼며 고통스러웠던 장면을 기록하고 그것이 어떤 심리도
식과 연관이 있는지 찾아서 기록합니다.

③ 3사분면 의식 확장 심상 기법: 일상의 부적응도식 찾기

〈일상의 부적응도식 찾기 심상 기법〉

코로 숨을 깊이 들이마시고 천천히 내쉽니다.
다시 숨을 들이마시고, 내쉽니다.
호흡을 느끼면서 다시 한번 숨을 깊이 들이마시고 내쉽니다.
몸의 긴장이 풀어지면서 마음도 편안하게 이완됩니다.
앉아 있는 나의 몸 전체를 느껴 봅니다.
천천히 호흡하면서 나의 몸 안과 밖의 경계를 느껴 봅니다.
그 경계가 더 흐릿해지더니 아예 사라져 버립니다.
그 순간 나의 몸 안에 있던 의식이 점점 확장되기 시작합니다.

나의 본질인 의식은 시공간을 초월해 존재합니다(상상한다고 생각해도 좋습니다).
나의 의식은 나의 몸을 벗어나 점점 확장되기 시작합니다.
의식이 확장되면서 어떤 것을 만나던 그것과 하나 되면서 점점 더 넓어집니다.
나의 의식이 내가 살고 있는 집만큼 확장되면서 그 집 안에 있는 가족들 물건들이 다 내 안으로 들어옵니다. 사무실 안의 사람들 물건들도 내 안으로 들어옵니다. 그것들이 내 안에 있는 것들 잠시 바라봅니다.
나의 의식은 확장되면서 만나는 모든 것과 하나 되면서 나의 의식과 다른 것 사이의 경계가 사라집니다. 모든 것들이 내 안으로 들어옵니다.
이제 처음 방 안에(사무실에, 그 사람과, 식구와) 앉아 있던 나를 바라봅니다.
나는 저 몸이 아닙니다.
나의 본질은 시공간을 초월한 전체입니다.
저 몸에서 벗어난 자유와 해방감을 느껴 봅니다.
이제 저 몸에 있는 생각과 감정, 다른 사람들의 생각과 감정을 함께 바라봅니다.
무엇이 보이나요?(들리나요?).
잠시 동안 그것을 지켜봅니다.
무엇을 말하고 있는지, 그들의 통증을 가만히 느껴 보세요.
그런 그들에게 말해 주세요.
'내 탓도 아니고 네 탓도 아니야.'
'너의 통증은 나을 수 있어.'
'내가 도와줄게.'
'그동안 많이 힘들었지? 이제 괜찮아.'
'많이 불편했지? 내가 편안하게 해 줄게. 걱정하지 마.'
긴장하고 불안했던 마음을 따스하게 안아 줍니다.
마음을 토닥토닥 위로해 주셨다면 나의 호흡을 바라봅니다.
점점 호흡이 편안해져 갈 것입니다.
잠시 편안하게 호흡합니다.

숨을 들이쉬고 내쉴 때마다 가슴에 올린 손의 움직임을 느껴 보세요.

손을 그대로 가슴에 올려 둔 채 나의 아랫배 안에 작은 풍선이 들어 있다고 상상합니다.

숨을 들이쉴 때 풍선이 배 안에서 부풀어 오르며 배가 아랫배 방향으로 자연스레 나옵니다.

점점 힘이 빠지고 호흡이 편안하고 부드러워집니다.

몸과 마음이 조금 더 안정을 찾을 때까지 천천히 호흡합니다.

④ 4사분면 내면의 아이와 심상대화 나누기: 새로운 경험 만들기

〈새로운 경험 만들기 심상 기법〉

코로 숨을 깊이 들이마시고 천천히 내쉽니다.

다시 숨을 들이마시고, 내쉽니다.

호흡을 느끼면서 다시 한번 숨을 깊이 들이마시고 내쉽니다.

몸의 긴장이 풀어지면서 마음도 편안하게 이완됩니다.

앉아있는 나의 몸 전체를 느껴 봅니다.

천천히 호흡하면서 나의 몸 안과 밖의 경계를 느껴 봅니다.

그 경계가 더 흐릿해지더니 아예 사라져 버립니다.

그 순간 나의 몸 안에 있던 의식이 점점 확장되기 시작합니다.

나의 본질인 의식은 시공간을 초월해 존재합니다(상상한다고 생각해도 좋습니다).

나의 의식은 나의 몸을 벗어나 점점 확장되기 시작합니다.

의식이 확장되면서 어떤 것을 만나던 그것과 하나 되면서 점점 더 넓어집니다.

이어서 내면의 아이와의 만남을 상상해 봅시다. 마치 과거의 자신과 소중한 어린 시절의 기억을 되새겨 보는 느낌으로요. 그 어린 아이와 어떤 모습으로 마주치고, 서로에게 안녕 인사를 건네며 따뜻한 대화를 나누어 보세요. 이것은 내면의 아이와 연결되어 자아의 유기적인 발전을 돕는 중요한 단계입니다.

자신이 어릴 때 경험한 안전하고 행복한 순간을 떠올려 봅시다. 예를 들면, 햇살 가득한 어릴 적의 놀이터에서의 순간이나 가족과 함께한 특별한 기억들을 상상하세요. 그리고 그 때의 자신과 함께 있으면서 어린 아이와 대화를 나누어 봅니다. 이를 통해 과거의 자신에게 다가가며 더 나은 연결을 이룰 수 있습니다. 그 아이에게 원하는 것이 무엇이냐고 물어보세요. 이제 그 아이가 원하는 대로 성숙한 당신이 그 아이가 원하는 대로 해 주세요. 그리고 그 아이가 치유하는 모습을 상상합니다. 상처받은 상황에서 힘들어하고 아파하는 자신의 모습을 떠올리면서, 마치 마법처럼 그 상처가 치유되어 가는 모습을 상상하세요. 부드럽게 치유되고 회복되는 과정을 마음의 눈으로 보며, 그 순간의 안도감과 편안함을 느껴 보세요.

다음은 강력한 지지자와 함께하는 모습을 상상합니다. 자신의 인생에서 지지자로서 강력하게 응원해 주는 사람을 상상하고, 그 사람과 함께하는 모습을 생생하게 떠올려 보세요. 그 사람의 지지와 흔들림 없는 도움으로 인해 마음이 강해지고 자신을 믿게 되는 모습을 상상해 봅니다.

이제 나의 호흡을 바라봅니다.

점점 호흡이 편안해져 갈 것입니다.

잠시 편안하게 호흡합니다.

숨을 들이쉬고 내쉴 때마다 가슴에 올린 손의 움직임을 느껴 보세요.

손을 그대로 가슴에 올려 둔 채 나의 아랫배 안에 작은 풍선이 들어 있다고 상상합니다.

숨을 들이쉴 때 풍선이 배 안에서 부풀어 오르며 배가 아랫배 방향으로 자연스레 나옵니다.

점점 힘이 빠지고 호흡이 편안하고 부드러워집니다.

몸과 마음이 조금 더 안정을 찾을 때까지 천천히 호흡합니다.

내면의 아이가 무엇을 원했는지, 무엇을 치유했고, 어떤 지지자를 만났는지 기록해 놓습니다.

3단계: 나를 성장시키기

1. 편도체 안정화

편도체 안정화를 위해서 소개해 드릴 소매틱 운동의 종류에는 요가, 고대 진자 운동(케틀벨/페르시안밀/메이스빌), 걷기, 체력 회복 운동, 마음챙김 운동 등이 있습니다.

소매틱 운동은 소매틱 경험의 한 요소로, 몸을 통해 내면적인 경험을 탐색하고 치유하는 과정을 의미합니다. 소매틱 운동은 다양한 운동 형태를 통해 몸의 감각을 증강하고, 트라우마나 스트레스가 저장되어 있는 근육, 조직, 신경 시스템을 치유하고 회복하는 데 도움을 줍니다. 이를 통해 개인은 자기 신체의 경험을 인식하고 조절하는 방법을 배우게 됩니다. 소매틱 운동은 다음과 같은 효과가 있습니다.

〈소매틱 운동 효과〉

• 신체 감각 향상: 소매틱 운동은 몸의 감각을 증강시켜 개인이 몸의 감각적인 경험을 더욱 섬세하게 인식할 수 있게 도와줍니다. 이는 개인이 자신의 신체 반응을 더 잘 알아차리고 조절할 수 있는 능력을 향상시킵니다.

- 트라우마와 스트레스 해소: 소매틱 운동은 신체적인 움직임을 통해 트라우마와 스트레스를 해소하는 데 도움을 줍니다. 트라우마나 스트레스가 몸에 저장되어 있는 경우, 운동을 통해 이러한 감정적인 에너지를 해방시키고 조절할 수 있습니다.
- 자기조절능력 강화: 소매틱 운동은 개인이 자신의 몸을 조절하고 균형을 맞출 수 있는 능력을 강화시킵니다. 이는 감정의 조절, 스트레스 대처 및 삶의 어려움에 대한 탄력성을 향상시키는 데 도움이 됩니다. 소매틱 운동은 다양한 형태로 수행될 수 있습니다. 몇 가지 일반적인 소매틱 운동 방법은 다음과 같습니다.
- 신체 스캔: 몸의 각 부위를 차례로 탐색하며 감각적인 경험을 인식합니다. 각 부위의 감각, 긴장, 통증 등을 인지하고 관찰합니다.
- 승모근 활성화: 승모근은 트라우마나 스트레스 반응과 연관된 근육입니다. 이 근육을 활성화시키기 위해 어깨를 올리고 내리거나 승모근을 조이는 등의 운동을 수행합니다.
- 균형 연습: 몸의 균형을 맞추는 연습을 통해 자기조절능력을 강화합니다. 일련의 운동 동작 중에서 어느 한 포인트에 집중하고 균형을 유지하는 데 초점을 맞춥니다.
- 느린 움직임: 운동을 느리고 순조롭게 수행하는 것이 중요합니다. 느린 움직임은 몸과 마음의 연결을 강화하고 내면적인 경험을 더욱 깊게 탐색할 수 있도록 돕습니다.

1) 요가

〈혜정쌤요가 제공〉

요가는 몸과 마음의 조화를 이루는 실천으로서의 깊은 역사를 갖고
있습니다. 요가는 옛 인도의 지혜와 철학에 근거하여 신체의 건강과
정신적 안녕을 추구하는 목적으로 발전해 왔습니다. 요가는 다양한 형
태와 스타일이 있지만, 대부분은 체조와 명상의 결합으로 구성되어 있
습니다. 몸의 자세와 호흡을 조절하여 스트레칭, 근력, 밸런스, 유연성

등을 향상시키는 데 중점을 두며, 동시에 마음을 집중하고 내면의 평화와 조화를 찾는 데에도 중요한 역할을 합니다.

요가의 기본 동작은 다양한 몸의 자세와 호흡 연습으로 구성됩니다. 이러한 동작들은 몸의 유연성, 균형, 근력을 향상시키고 신체와 마음의 조화를 이루는 데 도움을 줍니다. 다음 몇 가지 요가의 기본 동작을 간단하게 설명해 드리겠습니다.

① 타다사나(Tadasana-산속 자세)

〈출처: https://pocketyoga.com/pose/ForwardBendBigToe〉

- 서서 발을 모으고, 양쪽 팔을 몸 옆에 내려놓습니다.
- 머리를 직선으로 높이고 양쪽 어깨를 뒤로 늘어뜨립니다.
- 몸 전체를 곧게 세우고 발바닥을 땅에 균등하게 분배합니다.
- 이 자세를 유지하면서 깊게 숨을 들이마시고 내쉽니다.

② 우르드바 하스나(Urdhva Hastasana-손을 높이 들기)

〈출처: https://pocketyoga.com/pose/ForwardBendBigToe〉

• 타다사나에서 시작하여 팔을 천천히 머리 위로 들어 올리며 손목을 뒤로 펴고 손을 높이 듭니다.
• 어깨를 귀에 붙이고 천장을 바라봅니다.
• 몸을 펴면서 깊게 숨을 들이마시고 내쉽니다.

③ 우타나사나(Uttanasana-앞으로 숙이기)

〈출처: https://pocketyoga.com/pose/ForwardBendBigToe〉

• 타다사나에서 시작하여 엉덩이를 뒤로 빼고 윗몸을 앞으로 숙입

니다.

- 손을 바닥에 닿게 하거나 다리 뒤쪽에 잡아 당겨 머리를 무릎 쪽으
  로 늘립니다.

- 등이 곧게 유지되도록 노력하고 몸을 펴면서 숨을 들이마시고 내
  쉽니다.

④ 바다 코나아사나(Baddha Konasana-나비 자세)

〈출처: https://pocketyoga.com/pose/ForwardBendBigToe〉

- 바닥에 앉아 양쪽 다리를 끌어당겨 무릎을 바닥에 붙입니다.

- 발끝을 서로 마주 보게 하고 무릎을 바깥쪽으로 내립니다.

- 등을 곧게 유지하며 양쪽 발바닥을 바닥에 밀착시키고 손으로 발
  목이나 발가락을 잡아당겨 가슴 쪽으로 굽힙니다.

- 이 자세를 유지하면서 깊게 숨을 들이마시고 내쉽니다.

⑤ 발라아사나(Balasana-아이 자세)

〈출처: https://pocketyoga.com/pose/ForwardBendBigToe〉

- 무릎을 바닥에 꿇고 엉덩이를 발끝에 가깝게 대고 허벅지를 양쪽으로 벌립니다.
- 상체를 앞으로 숙이고 팔을 몸 옆에 놓습니다. 이때 손은 손바닥을 위로 하고 무릎 사이에 위치합니다.
- 이 자세를 유지하면서 깊게 숨을 들이마시고 내쉽니다.

이러한 기본 요가 동작들은 천천히 시작하여 몸의 느낌을 주시하면서 수행해야 합니다. 호흡을 깊게 하고 자세를 곧게 유지하는 것이 중요합니다. 이러한 기본 요가 자세를 시작으로 점점 동작을 늘리되, 몸의 한계가 느껴진다면 즉시 멈추고 힘들지 않도록 조절해야 합니다.

2) 고대 진자 운동

고대 진자 운동은 자세와 호흡, 의식 등을 조화롭게 조합하여 심신의 조화를 이루는 운동입니다. 다음의 고대 진자 운동을 단계별로 설명해 드리겠습니다.

참고로, 고대 진자 운동은 안전을 위해 신체 상태와 건강 상태를 고려하여 수행해야 합니다.

① 페르시안 밀(Persian Meel)
- 페르시안 밀은 긴 방망이 형태의 운동 기구로, 양쪽 끝에 무게가 달려 있습니다.
- 양손으로 밀의 중앙 부분을 잡고, 어깨 너비로 다리를 벌리고 서서 시작합니다.
- 몸을 좌우로 힘껏 휘거나 회전시켜 밀을 돌리는 동작을 반복합니다.
- 자연스러운 진자 운동을 유지하면서 몸 전체의 균형을 유지하는 것이 중요합니다.

② 메이스벨(Macebell)
- 메이스벨은 긴 막대에 무게가 달린 운동 기구로, 메이스벨 스내치와 같은 동작이 특징입니다.
- 막대를 양손으로 잡고 허리를 펴고, 다리를 약간 구부리며 시작합니다.
- 메이스벨을 머리 위로 치켜 올리는 동작을 수행합니다.
- 진자 운동을 통해 무게를 효과적으로 조절하며 근육을 강화합니다.

③ 케틀벨(Kettlebell)

- 케틀벨은 손잡이와 무게로 구성된 운동 기구로, 스내치나 클린과 같은 동작이 흔히 사용됩니다.
- 스내치를 예로 들면, 한 손에 케틀벨을 들고 서서 시작합니다.
- 허리를 펴고 엉덩이를 뒤로 밀며 케틀벨을 머리 위로 빠르게 들어 올립니다.
- 최고점에서 케틀벨을 다시 내려오게 하여, 속도와 무게의 변화에 맞춰 몸을 움직입니다.

고대 진자 운동에서는 각 운동 기구의 특성을 이해하고, 진지 운동을 통해 무게와 몸을 조화롭게 다루는 것이 중요합니다. 올바른 자세와 꾸준한 수행을 통해 몸의 균형을 강화하고 체력을 향상시킬 수 있습니다.

두려움을 이겨 내기 위한 하루 10분 트레이닝[38]:
걷기, 체력 회복 운동, 마음챙김 운동

월	화	수	목	금	토	일
① 걷기	③ 마음챙김 운동	④ 변형 걷기 1	휴식	④ 변형 걷기 1	② 체력 회복 운동	휴식

---

38) Jennifer Heisz, 『운동의 뇌과학』 이영래 역, 서울: 현대지성, 2023, 50-51, 80-81, 258-301.

① **걷기:** 편안한 걸음걸이로 느리게 10분간 걷습니다. 걷기에 익숙해지면 매주 2분씩 시간을 늘립니다. 몇 주가 지난 뒤에는 일주일에 한두 번 강도를 높여 걷습니다.

② **체력 회복 운동:** 5분간 천천히 걸으면서 몸을 푼 뒤, 1~6번까지 동작을 정해진 횟수만큼 반복합니다. 그다음 2분간 휴식합니다. 만약 운동이 쉽게 느껴지면 각 동작 횟수를 15회로 늘리고 전체를 3회 반복합니다.

체력 회복 운동 방법		
1	팔 흔들기(상하 방향): 다리를 어깨너비로 벌리고 선 다음 양팔을 머리 위로 쭉 뻗었다가 내린다.	10회
2	팔 흔들기(교차 방향): 다리를 어깨너비로 벌리고 양팔을 앞으로 나란히 하듯 쭉 뻗고 양팔을 양옆으로 활짝 벌렸다가 가슴 앞에서 교차시킨다.	10회
3	골반 트위스트: 다리를 어깨너비로 벌리고 선 다음 손은 허리에 올리고 하체는 고정시킨 상태에서 상체를 바깥쪽으로 번갈아 돌린다.	한쪽당 10회
4	무릎 잡아당기기: 다리를 어깨너비로 벌리고 선 다음, 한쪽 다리를 양손으로 잡아 복부로 강하게 잡아당기고 반대쪽도 같은 방법으로 한다.	한쪽당 10회
5	엉덩이 차며 제자리 달리기: 다리를 어깨너비로 벌리고 선 다음, 오른발을 뒤로 들어 오른쪽 엉덩이를 차고 내린 다음 양발을 번갈아 가며 제자리에서 달리는 듯이 한다.	한쪽당 10회

6	다리 교차시키기: 다리를 어깨너비로 벌리고 양팔은 좌우로 뻗고 오른발을 어깨너비만큼 오른쪽으로 옮긴다. 그다음 왼발을 오른발 뒤로 엇갈려 따라오게 움직이고 이때 왼발 끝으로 바닥을 터치하면서 균형을 잡은 뒤 왼발을 다시 시작 지점으로 옮긴다. 반대쪽도 같은 방법으로 번갈아 한다.	한쪽당 10회
마무리	휴식	2분

③ **마음챙김 운동:** 5분간 천천히 걸으면서 몸을 푼 뒤, 1~7번까지의 동작을 정해진 횟수만큼 반복합니다. 그다음 2분간 휴식한다. 이때 호흡에 의식적으로 집중합니다. 만약 운동이 쉽게 느껴지면 각 동작 횟수를 15회로 늘리고 전체를 3회 반복합니다. 혹은 다음의 '변형 걷기 1'을 한 세트로 묶어 2회 합니다.

마음챙김 운동 방법		
1	팔 돌리기(앞으로): 다리를 어깨너비로 벌리고 양팔을 양옆으로 쭉 뻗고 앞으로 원을 그리듯 돌린다.	10회
2	팔 돌리기(뒤로): 다리를 어깨너비로 벌리고 선 다음 양팔을 양옆으로 쭉 뻗고 뒤로 원을 그리듯 돌린다.	10회
3	앞발 차기: 다리를 어깨너비로 벌리고 선 다음 오른팔을 앞으로 뻗어 오른쪽 다리가 오른손을 터치하듯 찬다. 반대쪽도 같은 방법으로 한다.	한쪽당 10회
4	고관절 열기: 다리를 어깨너비로 벌리고 선 다음 한쪽 무릎을 천천히 들어 올려 균형을 맞춘 뒤, 그대로 몸 바깥쪽으로 다리를 돌려 연다. 고관절에 자극이 충분히 올 때까지 버텼다가 천천히 무릎을 다시 가슴 중앙으로 가져온 후 다리를 바닥에 내려놓는다. 반대쪽도 같은 방법으로 한다.	한쪽당 10회

5	사이드 스텝: 다리를 어깨너비로 벌리고 양팔은 양옆으로 곧게 뻗는다. 오른발을 오른쪽으로 어깨너비만큼 옮기고 곧바로 왼발을 오른발 옆에 붙인다. 그다음 왼발을 왼쪽으로 옮기고 곧바로 오른발을 왼발 옆에 모은다.	한쪽당 10회
6	발꿈치 걷기: 다리를 어깨너비로 벌리고 선 다음 발꿈치를 바닥에 대면서 걷는다.	10회
7	발끝 걷기: 다리를 어깨너비로 벌리고 선 다음 발끝을 바닥에 대면서 걷는다.	10회
마무리	휴식	2분

④ **변형 걷기 1:** 편안한 걸음걸이로 호흡에 집중하며 20분간 걷습니다. '스트레스 반응은 내 삶에 도움이 된다.'라고 생각하며 20초간 전속력으로 달립니다. 다시 편안한 걸음걸이로 걷습니다. 이런 방식으로 서서히 전력 질주 횟수를 10회까지 늘립니다.

2. 전전두피질 활성화

전전두피질(Medial Prefrontal Cortex)은 다양한 인지 기능과 감정 조절, 사회적 행동 등에서 중요한 역할을 합니다.

〈전전두피질의 역할〉

- 자아의 형성 및 유지: MPFC(전전두피질)는 자아의 형성과 유지에 관련된 중요한 영역입니다. 자아는 개인이 사기 자신에 대한 인식, 이해 및 평가를 포함한 개인적인 정체성을 의미합니다. MPFC는 자아의 구축 및 유지에 관련된 신경 기구로서의 역할을 합니다. 이 영역은 다양한 내외적 정보를 기반으로 개인의 가치관, 선호도, 욕구 등을 조절하고 이를 통해 개인의 자아를 형성합니다.
- 사회적 인지: MPFC는 사회적 상호 작용과 사회적 인지에 관련된 중요한 영역입니다. 사회적 인지는 다른 사람의 의도, 신념, 욕구 등을 이해하고 다른 사람의 감정을 인식하는 능력을 의미합니다. MPFC는 사회적 상호 작용 및 사회적 판단에 중요한 역할을 합니다. 이 영역은 다른 사람의 마음을 읽는 능력, 사회적 상황에서의 적절한 행동 및 대인 관계 형성에 관련됩니다.
- 감정 조절: MPFC는 감정의 처리 및 조절에도 관련되어 있습니다. 감정적 자극에 대한 대처, 감정의 평가 및 조절, 그리고 감정적 상태의 이해에 기여합니다. MPFC는 자아와 사회적 상호 작용과 관련된 감정적 반응을 조절하고, 감정의 경험 및 표현에 영향을 미칩니다.

• 의사 결정과 추론: MPFC는 의사 결정과 추론 프로세스에도 관련이 있습니다. 불확실한 상황에서의 선택, 다양한 선택지 간의 비교, 그리고 행동의 결과를 예측하고 평가하는 데 MPFC가 중요한 역할을 합니다. 이 영역은 자아, 사회적 상호 작용, 감정 등 다양한 정보를 종합하여 효과적인 의사 결정을 내리는 데 기여합니다.

이러한 기능들은 MPFC의 다양한 하위 지역과 서로 연결되어 복잡한 네트워크를 형성하며, 다양한 신경전달물질과 신경회로 전달 체계에 의해 조절됩니다. MPFC의 이러한 다양한 기능은 인간의 행동과 정신적인 기능에 중요한 영향을 미치며, MPFC의 손상은 다양한 정신 질환과 심리적 장애와 관련될 수 있습니다. Erickson et al. (2011)[39]의 연구에서는 중년 및 노인에서 1년간의 유산소 운동이 뇌의 회색물질 양과 혈류량을 증가시키는 것을 보여 주었고, Tang et al. (2007)[40]의 연구는 명상 연습이 MPFC와 같은 뇌 부위의 활성화를 촉진하고 주의 집중력을 향상시킨다는 결과를 보여 주었습니다. 또한 Tang et al. (2008)의

39) Erickson K. I., Voss M. W., Prakash R. S., Basak C., Szabo A., Chaddock L., et al., 2011, 「Exercise training increases size of hippocampus and improves memory」 Proceedings of the National Academy of Sciences of the United States of America, 108(7), 3017-3022.

40) Tang R., Dodd A., Lai D., McNabb W.C. and Love D.R., 2007, 「Validation of Zebrafish (Danio rerio) reference genes for Quantitative Real-time RT-PCR normalization(정량적 실시간 RT-PCR 정규화를 위한 제브라피시(Danio rerio) 참조 유전자의 검증)」 Acta biochimica et biophysica Sinica, 39(5):384-390.

연구는 탄력성 훈련이 MPFC와 같은 뇌 부위의 활성화를 촉진하고 스트레스를 감소시킨다는 결과를 보여 주었습니다.

1) 명상

명상은 뇌파 주파수와 신경 구조에 영향을 줄 수 있습니다. 명상 상태에서는 주로 알파파 뇌파가 증가하며, 이는 뇌의 안정과 집중을 나타냅니다. 러츠(Antoinw Lutz)와 그의 동료들은 오랫동안 명상을 한 사람들은 자기 뇌에 감마파 진동을 스스로 일으키고 다른 뇌 부위로 더 넓게 퍼져 나가게 하는 동기화 현상을 만들어 낼 수 있음을 발견하였습니다(Lutz,et al.,2004). 『내면소통』의 저자 김주환 교수도 나쁜 경험을 강박적으로 되새김질하는 감정조절장애(불안장애, 우울증, 불안장애)에도 부정적 경험을 반추하도록 하는 시스템을 상대적으로 약해지게 한다고 했습니다(Brewer et al.,2011). 또한 명상은 해마(Hippocampus)와 전두피(Cerebral Cortex)와 같은 뇌의 부분들의 크기를 변화시킬 수 있으며, 이는 학습, 기억, 감정 조절과 관련이 있을 수 있습니다.

스트레스와 관련해서도 스트레스 호르몬인 코르티솔의 수준을 낮추고, 안정감을 주는 세로토닌과 쾌활감을 높이는 엔도르핀을 증가시킬 수 있으며 두뇌의 면역 체계와 관련된 부분들을 강화하는 효과와 스트레스와 긴장을 감소시키고, 집중력과 주의력 향상, 정서적 조절과 자기 인식을 높일 수 있어 심리적 안정감을 주며 자기에 대한 이해와 공감 능력을 향상시켜 삶의 질을 개선하는 데 도움을 줄 수 있습니다.

셀프심리치료에서는 이러한 명상의 효과를 심리치료에 반영하기 위해서 마음챙김 명상을 소개합니다. 마음챙김(마인드풀니스) 명상은 부처가 2500여 년 전에 처음 가르쳤다고 전해지는 불교의 수행 방법 중 하나입니다. 하지만 현대적인 마음챙김 명상은 조니 카바틴-지인, 타라 브랙과 같은 서구의 심리치료사들이 이를 재해석하고 확장시키면서 널리 알려지게 되었습니다. 마음챙김 명상은 주의력 기반 인지치료(Cognitive-Based Therapy) 및 스트레스 감소 프로그램(Mindfulness-Based Stress Reduction Program, MBSR)과 같은 임상적 효과를 보여주는 다양한 연구와 프로그램에서 나온 것입니다. 이러한 연구들은 마음챙김 명상이 스트레스 감소, 우울증 및 불안 완화, 집중력 향상 등의 이점을 제공한다는 것을 보여 주었습니다. 특히, MBSR 프로그램은 존 카바틴-지인 박사(Dr. Jon Kabat-Zinn)에 의해 개발되었으며, 1979년부터 미국 매사추세츠 의학대학교(Massachusetts Medical School)에서 시행되었습니다. 이 프로그램은 스트레스 관리를 위해 심리적 자극과 몸의 반응에 대한 인식을 높이고, 이를 통해 인간의 합리적 자기조절력을 개발하는 것을 목표로 합니다.

이후 MBSR은 다양한 분야에서 적용되어 확장되었으며, 현재는 심리치료 및 행동치료, 의학 및 사회복지 분야에서 널리 사용되고 있습니다. 이러한 연구들은 마음챙김 명상의 효과를 지지하며, 이를 통해 마음과 몸의 건강을 증진시키는 데 도움이 되는 것으로 나타났습니다.

다음은 마음챙김 명상의 종류를 알아보겠습니다.

마음챙김 명상법(Ken A. Verni.,2020)[41]

5분 마음챙김 호흡 명상 방법	
step 1	안락의자 대신 등받이가 고정되어 잇는 의자를 선택한다. 높이를 조절할 수 있다면 더욱 좋다. 발바닥이 바닥에 닿도록 높이를 맞추고 몸을 앞으로 약간 기울여서 척추 아래쪽 일부만 등받이에 살짝 닿게 한다.
step 2	눈은 감아도 좋고, 시선을 아래로 두고 바닥이나 발에서 약 1미터 위의 허공을 초점 없이 응시해도 상관없다. 손은 허벅지 위에 편하게 올려놓는다.
step 3	몸을 이완하고 마음을 가라앉힌다. 계속 정신을 맑게 유지하면서 무엇이 느껴지는지 알아차리도록 한다. 처음 몇 차례 시도했을 때 몸의 긴장이 풀리지 않고 지침을 따라 할수록 명상이 어려워진다고 느끼면, 4단계로 넘어가라.
step 4	이제 호흡에 주의를 기울인다. 들숨과 날숨이 가장 분명하게 느껴지는 곳에 집중한다. 올라가고 내려가는 하복부의 움직임을 관찰해도 되고, 코로 들어가고 나가는 공기의 감각에 몰입해도 좋다.
step 5	호흡을 본능에 맡겨라. 일부러 깊게 숨을 쉬려고 하지 마라. 당신은 평소 당연하게 생각했던 일, 태어났을 때부터 지금까지 인생의 일부였던 자연의 과정에 정신을 집중하고 있다.
step 6	마음챙김 호흡을 5분 정도 진행한 뒤, 눈을 뜨고 주변을 살펴본다. 수행 시간을 맞추기 위해 타이머를 설정하는 사람도 있지만, 알람이 언제 울릴지 의식하게 된다는 이유로 타이머를 쓰지 않는 사람도 있다. 선택은 본인의 몫이다.

---

41)   Mike Annesley, 『마음챙김에 대한 거의 모든 것』, 박지웅 역, 서울: 불광출판사, 2020, 87-141.

	마음챙김 걷기 명상 방법
step 1	팔을 양옆으로 늘어뜨리고 똑바로 선다. 땅에 닿아 있는 발의 감각을 의식한다. 자신이 한 그루의 나무라고 상상해도 좋다. 우직하고 장엄하며 높게 솟아 있다고 생각하라. 조금씩 움직이면서 가장 편하게 느껴지는 자세를 찾는다.
step 2	1분이나 2분 정도 호흡에 집중한다. 준비되면 발에 주의를 기울인다.
step 3	체중을 한쪽 발에 싣는다. 무게 중심이 된 발을 아래로 누르고 반대쪽 무릎을 이완하면서 다리를 앞으로 뻗는다. 몸을 흔들면서 균형을 잡고 앞으로 뻗는 발의 뒤꿈치와 발볼이 바닥을 스치는 감각에 주의를 기울인다.
step 4	같은 방식으로 반대쪽 발을 앞으로 내디딘다. 다리, 발, 상체가 움직이면서 나타나는 감각과 바닥에 닿은 부분에서 느껴지는 압박감에 주의를 기울인다.
step 5	천천히, 신중하게 걸으면서 나타나는 감각에 집중한다. 반복해서 나타나는 감각이 무엇인지, 변하는 감각이 있다면 어떻게 변하는지 관찰하라. 계속 앞으로 걷거나 수행하는 장소에 맞춰 방향을 바꾸며 돌아다닌다.

	마음챙김 몸-호흡 명상 방법
step 1	조용한 자리에 의자를 놓고 편하게 앉는다. 척추 아랫부분만 등받이에 붙이고 허리를 편다. 등받이에 완전히 기대지 않는다.
step 2	몸을 이완하고 마음을 가라앉힌다. 계속 정신을 맑게 유지하면서 무엇이 느껴지는지 알아차리도록 한다. 처음 몇 차례 시도했을 때 몸의 긴장이 풀리지 않고 지침을 따라 해도 불안이 느껴지더라도 걱정하지 마라. 그냥 1분 정도 들어오고 나가는 호흡에 주의를 기울이다가 천천히 초점을 몸으로 옮기면 된다.
step 3	주변과 닿아 있는 신체 부위에 주의를 기울인다. 의자를 누르는 허벅지나 오금, 바닥에 닿은 발바닥도 좋다. 잠시 어떤 감각이 느껴지는지 자세히 관찰하는 시간을 가진다. 길게 살펴볼 필요는 없고, 몇 초 정도 주의를 기울이면서 대략적으로만 알아보면 된다.
step 4	이제 한쪽 발에 주의를 기울인다. 발가락부터 시작해서 발바닥과 발뒤꿈치를 거쳐 발등으로 간다. 반대편 발도 같은 순서로 빠르게 살펴본다.
step 5	같은 방식으로 다리를 살펴본다. 한쪽씩 관찰한 다음, 골반, 엉덩이, 어깨로 올라가면서 상체의 모든 부위에 주의를 기울인다.

step 6	이제 손과 팔의 감각을 관찰한다. 손끝부터 시작해서 팔을 타고 어깨로 올라간다. 목과 머리도 같은 방식으로 관찰한다. 1분에서 2분 정도, 호흡에 집중하며 몸 전체에서 느껴지는 감각을 알아차린다.
step 7	호흡에 주의를 기울인다. 숨을 들이쉬고 내쉴 때 배나 코에서 느껴지는 감각에 집중하라. 배에 손을 올리면 호흡이 들어오고 나가는 감각을 느끼는 데 도움이 된다. 마음챙김 호흡을 5분 정도 진행한 뒤, 눈을 뜨고 주변을 살펴본다.

마음챙김 물체 수행(동전) 방법	
step 1	동전을 고른다. 금액이 크거나 특별한 의미가 있을 필요는 없다. 지갑이나 주머니에서 아무 동전이나 꺼내면 된다. 동전을 손바닥에 올린다. 피부로 동전을 느껴본다. 동전에 대한 생각은 하지 않는다. 보고 느끼는 것에 어떠한 꼬리표도 붙이지 말고 그냥 관찰만 하도록 하자.
step 2	엄지와 다른 손가락으로 동전을 잡는다. 온도를 느껴 보자. 따뜻한가, 차가운가? 잡고 있는 동안 동전이 따뜻해지거나 차가워지는 것을 느낄 수 있는가?
step 3	동전의 질감에 주의를 기울인다. 표면이 매끄러운가, 도드라진 부분이 있는가? 테두리는 어떠한가? 옆면을 따라 홈이 나 있는가? 홈이 있다면 얇은가, 두꺼운가?
step 4	동전의 형태와 크기에 주의를 기울인다. 동전을 돌리면서 달라지는 모습을 관찰한다. 동전의 색깔을 살펴보자. 표면에 광택이 있는가, 없는가? 부위별로 색이나 음영이 다르게 나타나지는 않는가? 표면과 가장자리는 얼마나 닳아 있는가?
step 5	(동전에 앞뒷면이 있다면)앞면을 자세히 살펴본다. 동전에 새겨진 인물은 젊은가, 늙었는가? 아니면 중년인가? 어떤 옷을 입고 있는가? 눈에 띄는 특징이 있는가? 동전의 인물이 누구인지 떠올리려고 하지 마라. 이름이 저절로 떠올랐더라도 상관은 없다. 그냥 계속 동전을 바라보면서 나타난 생각이 다시 사라지도록 내버려 둔다.
step 6	동전을 뒤집어 뒷면도 같은 방식으로 살펴본다. 무엇이 보이는가? 어떤 방식으로 새겨져 있는가? 보이는 그대로 받아들인다. 새겨진 상징에서 무엇인가를 연상하지 않도록 한다.
step 7	동전을 들어 올려 코로 냄새를 맡아 본다. 냄새가 느껴진다면 알고 있는 다른 냄새와 비교하거나 왜 이런 냄새가 나는지 생각하지 말고, 그냥 냄새 자체에 집중한다.

		4주 초심자를 위한 호흡, 몸 수행 방법	

하루 10분으로 시작하여 하루 30분을 목표로

1주	호흡 명상 하루 10분	식사 두 번, 집안일 2회, 30분 산책 2회에 마음챙김 적용하기.
2주	호흡 명상 하루 20분	걷기 명상 시도하기, 식사 두 번, 집안일 2회, 30분 산책 2회에 마음챙김 적용하기.
3주	몸-호흡 수행 격일로 20분	걷기 명상이나 호흡 수행과 번갈아 가면서 실시, 물체 수행, 마음챙김 대화 시도하기, 원한다면 마음챙김 식사, 집안일, 걷기 계속해도 좋음.
4주	몸-호흡 수행 하루 30분	언제든지 걷기 명상, 호흡, 물체, 산 수행 중 하나로 대체하거나 추가로 진행해도 좋음, 활동과 대화에서 비정규 수행 계속하기.

	마음챙김 산 명상 방법
step 1	의자에 편하게 앉는다. 등받이에 기대지 않고 허리를 반듯하게 편다. 손은 허벅지나 무릎에 올려놓는다. 발바닥은 바닥에 붙이고 눈을 감는다.
step 2	1분이나 2분 정도 마음챙김 하며 호흡한다. 마음이 탁 트인 하늘이라고 생각해도 좋다. 곧 하늘 아래로 산을 그려 볼 것이다.
step 3	눈앞에 산을 그려내 낸다. 최대한 자세하게 떠올려라. 침엽수가 우거진 산비탈은 온통 초록색이다. 중턱에는 바위 지대와 골짜기가 있고, 그 위부터 정상까지는 눈과 얼음으로 덮여 있다.
step 4	땅을 딛고 선 장엄한 산을 완전히 그려 낸다. 몇 분 정도 계속 산을 관찰한다. 이제 산을 내면으로 불러들이면서 산과 하나가 되는 모습을 상상하라.
step 5	비바람이 휘몰아치고 폭풍이 불어도 고요하고 평온하게 자리를 지키는 산이 되었다고 상상하라. 바위, 얼음, 눈으로 이루어진 난공불락의 요새에서 격변하는 날씨를 관찰한다.
step 6	내면의 모든 문제와 문제에 얽힌 감정을 산의 날씨 패턴이라고 생각하며 바라본다. 끊임없이 변하는 소용돌이에 휘말리지 말고 아무 판단도 내리지 않으면서 안전한 거리에서 관찰하라. 준비되면 산의 힘을 그대로 가지고 일상으로 돌아가는 모습을 그려 본다. 필요할 때면 언제든지 사용할 수 있는 내면의 도구 상자라고 생각하라.

마음챙김 바디스캔 명상 방법	
step 1	다리를 약간 벌리고 눕는다. 원한다면 무릎을 세워도 좋다. 눈을 감는다. 눈을 뜨는 쪽이 더 편하다면 언제든지 떠도 된다. 매트나 침대에 닿은 신체 부위의 감각에 주의를 기울이면서 몸의 무게를 느껴 본다.
step 2	준비되면 왼쪽 발가락으로 초점을 옮긴다. 발가락을 하나씩 자세히 관찰하라. 닿아 있는 다른 발가락, 따뜻함이나 서늘함, 따끔거림과 같은 모든 감각을 의식한다. 이제 왼쪽 발의 다른 부위에 주의를 기울여 본다. 발바닥, 발볼, 뒤꿈치, 발등, 발 측면, 발목 순서로 관찰한다.
step 3	이제 왼쪽 정강이와 종아리, 무릎, 허벅지에 주의를 기울인다. 하나씩 자세히 살펴보는 시간을 30초 정도 가진다. 종아리와 허벅지는 모든 방향을 전부 살펴보아야 한다.
step 4	빠짐없이 살펴보았다면 왼쪽 다리에서 오른쪽 다리로 초점을 옮긴다. 지금까지 했던 대로 발가락을 하나씩 살펴본 다음, 발바닥, 발볼, 뒤꿈치, 발등, 발 측면, 발목으로 넘어간다. 전부 관찰했다면 오른쪽 종아리, 무릎, 허벅지로 올라가라.
step 5	같은 방법으로 사타구니, 생식기, 엉덩이를 포함한 골반 근처를 관찰한다. 준비되면 상체 쪽으로 이동한다. 아랫배와 등 아래쪽을 살펴보자. 호흡에 따라 배의 움직임에 주의를 기울인다.
step 6	가슴과 등 위쪽에 초점을 맞춘다. 호흡하면서 오르내리는 갈비뼈의 움직임에 주목하라. 심장 박동을 느낄 수 있다면 가만히 귀를 기울여 본다. 수축과 팽창을 반복하는 폐에 집중하라.

마음챙김 자애 명상 방법	
step 1	등을 곧게 펴고 편하게 앉는다. 발바닥은 바닥에 붙이고, 다리는 꼬지 않는다. 눈을 감고 긴장을 풀어 준다. 방해 요소는 모두 내려놓는다.
step 2	마음속으로 다음과 같이 말하면서 자신을 위한 자애의 소원을 빈다. '자신을 사랑하는 경험을 하기를. 행복하고 건강하게 평화로운 삶을 살 수 있기를.' 조용히 되뇌면서 말에 담긴 진심을 느낀다. 자신을 향한 따스한 감정이 솟아날 때까지 똑같이 혹은 살을 더 붙여서 반복한다(같은 느낌으로 더 많은 소원을 빌면 된다)

step 3	진심으로 사랑하는 사람에게 자애를 담아 소원을 빈다. 이번에는 얼굴을 보고 이야기한다고 생각하라. 예를 들면 '사랑하는 달아, 자신을 사랑하는 경험을 하기를 빈다. 행복하고 건강하게 평화로운 삶을 살아라.' 같은 식이다. 다시 한 번 되뇌면서 말에 담긴 따뜻한 진심을 느끼도록 한다. 원한다면 이번 단계에서 여러 사람을 대상으로 하거나 따로 빌고 싶은 소원을 자세히 말해도 좋다.
step 4	사랑하고 존경하는 사람에 대해 자애의 소원을 빈다. 인생에서 중요한 교훈을 알려 준 사람이나 힘든 시기에 도움을 주었던 사람을 떠올리자. 마찬가지로 빌고 싶은 소원을 말하면 되지만, 3단계에서 빌었던 그대로 반복하는 것이 가장 좋다.
step 5	좋지도 싫지도 않은 사람에게 자애를 보낸다. 이름을 알면 이름으로 부르고, 직위만 알면 직위로 부른다. 호칭은 중요하지 않다.
step 6	싫어하는 사람이나 나를 화나게 했던 사람에게 자애를 보낸다. 처음에는 부정적인 감정이 느껴질 테지만 명상을 계속하다 보면 점차 사라진다.

다음은 마음챙김 명상 8주 프로그램입니다. 본인의 상태에 따라서 단축하거나 연장하여 활용하면 되겠습니다.

세 가지 주 단위 프로그램(Ken A. Verni.,2020)[42]

6주 초심자를 위한 호흡, 몸 수행 방법		
하루 10분으로 시작하여 하루 30분을 목표로		
1주	호흡 명상 하루 10분	하루에 최소 식사 두 번, 집안일 2회, 30분 산책 2회에 마음챙김 적용하기.
2주	호흡 명상 하루 20분	걷기 명상 시도하기, 하루에 최소 식사 두 번, 집안일 2회, 30분 산책 2회에 마음챙김 적용하기.

---

42) Mike Annesley, 『마음챙김에 대한 거의 모든 것』 박지웅 역, 서울: 불광출판사, 2020, 87-141.

3주	몸-호흡 수행 격일로 20분	걷기 명상이나 호흡 수행과 번갈아가면서 실시, 물체 수행, 마음챙김 대화 시도하기, 원한다면 마음챙김 식사, 집안일, 산책 계속해도 좋음.
4주	바디스캔 -산 수행 하루 30분	언제든지 걷기 명상, 호흡, 물체, 산 수행 중 하나로 대체하거나 추가로 진행해도 좋음, 활동과 대화에서 비정규 수행 계속하기.
5주	바디스캔 -산 수행 하루 30분	언제든지 걷기 명상, 호흡, 물체, 산 수행 중 하나로 대체하거나 추가로 진행해도 좋음, 활동과 대화에서 비정규 수행 계속하기.
6주	바디스캔 -산 수행 하루 30분	언제든지 걷기 명상, 호흡, 물체, 산 수행 중 하나로 대체하거나 추가로 진행해도 좋음, 바디스캔 대신 자애수행 시도하기, 활동과 대화에서 비정규 수행 계속하기.

6주 초심자를 위한 호흡, 몸 수행 방법

하루 10분으로 시작하여 하루 30분을 목표로

1주	호흡 명상 하루 10분	하루에 최소 식사 두 번, 집안일 2회, 30분 산책 2회에 마음챙김 적용하기.
2주	몸-호흡 수행 격일로 20분	걷기 명상이나 호흡 수행과 번갈아 가면서 실시. 최소 하루 식사 두 번, 집안일 2회, 30분 산책 2회에 마음챙김 적용.
3주	몸-호흡 수행 격일로 20분	걷기 명상이나 호흡 수행과 번갈아가면서 실시, 마음챙김 식사, 집안일, 산책 계속하기, 물체 수행, 마음챙김 대화 시도.
4주	몸-호흡 수행 격일로 20분	걷기 명상이나 호흡 수행과 번갈아 가면서 실시, 물체 수행 시도하기, 최소 하루 식사 두 번, 집안일 2회, 30분 산책 2회에 마음챙김 적용.
5주	바디 스캔 하루 30분	언제든지 걷기 명상, 호흡, 물체, 산 수행 중 하나로 대체하거나 추가로 진행해도 좋음, 비정규 수행 계속하기.
6주	바디 스캔 하루 30~40분	언제든지 걷기 명상, 호흡, 물체, 산 수행으로 대체 가능, 비정규 수행 계속하기.

7주	바디 스캔 하루 30~40분	한다면 하루나 이틀은 걷기 명상, 호흡, 물체, 산 수행으로 대체 가능, 대신 최소 바디스캔 3회, 자애 수행 2회 실시, 활동과 대화에서 비정규 수행 계속하기.
8주	바디 스캔 격일로 30~40분	자애 수행과 번갈아가면서 실시, 원한다면 하루나 이틀은 걷기 명상, 호흡, 물체, 산 수행으로 대체 가능, 대신 최소 바디 스캔 3회, 자애 수행 2회 실시.

다음은 좀 더 다양한 명상기법을 익힐 수 있는 참고 서적입니다.

『현실의 명상』 - 이상화

이 책은 일상 속에서 명상을 실천하는 방법을 소개하고, 명상을 통해 내면 평화를 찾는 방법을 다룹니다.

『명상의 힘』 - 손재영

명상을 통해 스트레스를 줄이고 정서적 안정성을 찾는 방법에 대해 다루는 책입니다.

『삶이 가벼워지는 마음챙김 명상』 - 이도현

이 책은 마음챙김 기반 명상의 기초를 소개하고, 명상을 통해 감정을 조절하고 내적 평화를 이루는 방법을 안내합니다.

『마음을 단정하게 만드는 명상』 - 이규학

명상을 통해 마음을 정화하고 명확한 사고를 개발하는 방법에 대해 다루는 책입니다.

『명상으로 자기계발하기』- 정영아

이 책은 명상을 통해 자기 개발을 추구하는 방법을 안내하고, 명상을 일상생활에 통합하는 방법을 소개합니다.

『어쩌다가 명상: 마음챙김을 배우고 일상에 적용하는 방법』- 다니엘 골만

이 책은 명상을 실천적인 측면에서 다루며, 마음챙김을 통해 일상생활에서 조화롭고 의미 있는 삶을 살아가는 방법을 제시합니다. 저자는 간단하고 실용적인 명상 연습을 소개하며, 이를 통해 스트레스 해소와 내적 변화를 이끌어 내는 방법을 안내합니다.

『마음챙김 명상』- 오은하

이 책은 마음챙김 명상의 기초를 소개하고, 심리학적 이론과 함께 명상을 통한 내면 평화를 찾는 방법을 다룹니다.

『행복한 삶을 위한 마음챙김 명상』- 정성우

마음챙김 명상을 통해 스트레스를 해소하고 행복한 삶을 살아가는 방법에 대해 다루는 책입니다.

『마음챙김 명상의 힘』- 박성운

이 책은 마음챙김 명상의 이점과 효과를 소개하고, 명상을 통해 정서적 안정성을 찾는 방법을 안내합니다.

『마음챙김 명상으로 스트레스 해소하기』- 김은영

스트레스 관리를 위해 마음챙김 명상을 활용하는 방법에 대해 다루는 책입니다.

2) 존2 운동(유산소 운동)

Z2(Zone 2 Training)는 최대 심박수에 대한 백분율로서, 개인의 최대 심박수에서 특정 백분율 범위를 의미합니다. 이 범위는 주로 최대 심박수(Maximum Heart Rate)의 60%에서 70% 사이입니다. 이는 개인의 최대 심박수를 측정하여 계산되며, 이렇게 계산된 Z2 범위는 그 개인의 특정 운동 강도를 나타냅니다. Z2 운동은 주로 기초적인 유산소 운동을 나타내며, 적당한 운동 강도와 지속적인 활동을 통해 심장 및 순환기 건강을 향상시키는 데 중점을 둡니다. 이 운동 강도는 비교적 저강도이지만, 지속적으로 심박수를 일정 수준으로 유지하여 유산소 성능을 향상시키고 지방 연소를 촉진하는 데 도움이 됩니다.

존2 운동의 주요 목적은 유산소 운동에 의한 미토콘드리아(섬유유사체)의 증가와 근육 내 산소 공급 능력의 향상입니다. 이를 위해 주로 30

분 이상의 지속적인 운동을 실시하며, 심박수 대역을 유지하는 것이 중요합니다. 처음에는 존2 대역에서 운동하는 것이 어려울 수 있지만, 시간이 지남에 따라 체력이 향상되고 존2 운동이 더욱 편안해집니다.

〈심박수 측정 방법〉

① 심박수 측정: 최대 심박수를 예측하거나 측정한 후, 존2 대역의 심박수 범위를 계산합니다. 최대 심박수를 추정하는 대표적인 수식 중 하나는 치노의 공식입니다.

$$(최대 심박수 = 220 - 나이) \times 60\text{~}70\%$$
$$심박수 = (15초 동안 측정된 맥박수) \times 4 \text{ 혹은 심박수}$$
$$= (30초 동안 측정된 맥박수) \times 2$$

이것은 간단한 측정 방법입니다. 정확한 심박수를 얻기 위해서는 여러 번 측정하여 그 평균을 구하는 것이 좋습니다. 또한, 휴식 상태에서 측정하는 것이 가장 정확합니다.

② 시작과 조절: 천천히 시작하고, 심박수가 적정 범위에 도달하면 유지합니다. 심박수가 너무 높아지면 강도를 줄이거나 휴식을 취합니다.

③ 지속적인 운동: 최소 30분 이상 지속적으로 운동을 실시합니다. 이동 수단에 따라 조깅, 자전거 타기, 수영 등을 선택할 수 있습니다.

④ 평가와 조정: 운동 세션 후에는 운동의 효과를 평가하고 필요에 따라 심박수 범위를 조정합니다.

이러한 지침을 적용하여 존2 운동을 하기에 좋은 운동들은 다음과 같습니다.

〈존2 운동 종류〉

① 산책 또는 조깅: 가벼운 산책이나 조깅은 존 투 운동의 좋은 출발점입니다. 심박수를 일정한 범위 내에서 유지하며 지속적으로 운동을 할 수 있습니다. 적절한 심박수 범위는 개인의 최대 심박수에 기초하여 결정됩니다. 보통은 최대 심박수의 60-70% 정도에서 운동을 시작하고, 조금씩 증가시키며 조절합니다.

② 사이클링: 자전거를 이용한 사이클링은 존2 운동에 이상적입니다. 특히 실내 자전거를 이용하면 조절 가능한 저항을 통해 정확한 심박수 범위를 유지하기 쉽습니다. 일정한 심박수 범위를 유지하며 일정한 시간 동안 사이클링을 진행하세요.

③ 수영: 수영은 존2 운동을 할 수 있는 훌륭한 운동입니다. 수영은 저항을 제공하면서 전신 운동을 할 수 있으며, 심박수를 일정한 범위로 유지하기 쉽습니다. 풀에서나 해변에서 수영을 즐기며 존 투 운동을 실시하세요.

④ 역기구 운동(에어로빅 기계, 러닝 머신, 로잉 머신): 역기구를 활용한 저강도의 운동도 존 투 운동에 적합합니다. 기구에 설정된 저항을 사용하여 일정한 심박수 범위에서 운동을 수행하세요.

4단계: 통합하기

1. 캔 윌버의 통합사상

켄 윌버는 현대적 철학자로, 가장 체계적이고 전체적인 사상가라고 할 수 있습니다. 그는 다양한 학문들이 각자의 영역에서 서로 진실을 이야기하고 있지만, 그 진실은 온전하게 파악되지 못하고 있다는 것을 지적하고 있으며, 그들 모두 동일한 의식 수준을 다루고 있지 않다는

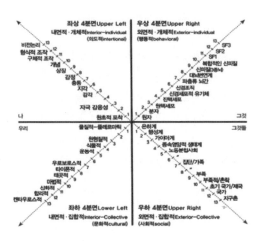

전형적인 AQAL Matrix(Ken Wilber, 2016)[43]

---

43)   Ken Wilber, 『켄 윌버의 통합심리학』 조옥경 역, 서울: 학지사, 2008, 62-104.

것을 깨닫게 되면서 '누구의 관점이 옳은가.'가 아닌 '어떻게 하면 서로 다른 다양한 이론들을 합당한 방식으로 조화를 이룰 수 있는가.'에 대해서 고민하였습니다.

1995년, 윌버는 그의 사상적 분기점이기도 한 역작 『성, 생태, 영성: 진화하는 영(Sex Ecology, Spirituality: The Spirit of Evolution)』[44]을 통해 현재까지도 그의 통합 사상의 근간이 되는 프레임워크인 AQAL(All Quadrants All Levels) 개념을 소개하면서, 개인 혹은 집단으로서의 우리가 지닌 잠재력까지 이끌어 낼 수 있는 이론적 지도를 그려 보겠다는 시도를 통해서 수준(Levels), 라인(Lines), 사상한(Quadrants), 상태(States), 그리고 유형(Types)으로 구성된 AQAL 프레임워크를 내놓았습니다.[45]

켄 윌버는 인간 의식에 대해 통합적이면서 발달적인 관점을 취할 뿐만 아니라 동양의 영적인 전통과 서양심리학을 통합하려는 통합사상가라고 할 수 있습니다. 그의 사상에 대한 특징을 요약하자면 앞서 말했듯이 서양의 철학과 심리학, 동양의 신비주의적 기독교, 불교, 힌두교 등을 연구하면서 인간의 내면과 외면, 개인과 집단을 AQAL로써 통합을 하고자 했습니다. 켄 윌버의 통합사상은 정신세계의 시대적 흐름

---

44)   Ken Wilber, 『성 · 생태 · 영성(Sex · Ecology · Sprituality: The Spirit of Evolution)』 조옥경, 김철수 역, 서울: 학지사, 1995.

45)   Ken Wilber, 『켄 윌버의 통합심리학』 조옥경 역, 서울: 학지사, 2008, 62-104.

을 완전히 바꾸어 놓았습니다. 또한, 윌버의 이론을 이론적 개념으로
만 머무는 것이 아니라 우리의 지금 이 순간의 자각 속에서 언제라도
접근 가능한 의식적 경험의 한 측면들을 묘사한 것이며 비즈니스, 의
학, 심리치료, 생태학, 법 등 그야말로 모든 분야에 적용될 수 있습니
다. 인간에 대한 진정한 이해를 위해서는 개인의 의식 수준의 형성 과
정과 함께 개인이 접하고 있는 다양한 측면들을 함께 조명해 보는 것이
필요합니다. 즉 인간에 대한 통합적 접근이 중요하며 이러한 통합적
접근은 통합심리학의 기본이 됩니다.[46)

통합적 접근법은 사분면, 수준, 라인, 상태, 타입과 친숙해지는 것입
니다. 다섯 가지 요소와 친숙해지면 발견과 각성의 길을 안내받게 됩
니다. 그렇게 되면 주변의 세상을 포괄적으로 보는 시각이 생기게 됩
니다. IOS는 통합적인 접근을 위한 통합 운영 체제이며, 통합 지도라고
할 수 있습니다.

1) 운영 체제(IOS)

정보네트워크에서 다양한 소프트웨어 프로그램을 운영하기 위한 기
초적인 구조에 해당합니다. 이러한 IOS가 담당하게 되는 기능은 모든

---

46)   명숙한, 「켄 윌버의 통합심리학에 관한 연구」, 박사 학위, 동의대학교 대학원, 2016,
      97.

프로그램들 간의 근거 역할을 하면서 다른 모든 프로그램들을 통합하고, 가장 효과적으로 운영할 수 있게 하는 역할을 담당합니다. 그러므로 IOS는 켄 윌버의 통합 모델을 포괄적으로 대변한다고 볼 수 있습니다. 또한, 모든 활동의 색인을 위해 쓰이거나 활동 영역들 간의 대화에도 도움을 줄 수 있습니다.

IOS는 통합지도를 일컫는 말이며, 통합 지도는 세계의 위대한 전통을 총망라하는 광범위한 문화 횡단적인 연구를 바탕으로 해서 모든 문화와 사회가 지니고 있는 최고 또는 최상의 요소들을 포함하는 인간의 가능성에 대한 포괄적인 지도입니다.[47] IOS는 고대에서부터 현대의 인지 과학에 이르는 인간의 성장과 발달에 대한 모든 모델과 시스템을 사용하는데, 수준(levels), 계통(lines), 사분면(quadrants), 상태(states), 유형(types)의 5가지 인자로써 자신의 의식 상태와 체험양상을 보여주는 요소가 되며, 인간의 진화와 발달에 대한 열쇠이자 발달을 촉진할 수 있는 근본적인 요소입니다. IOS와 통합 지도를 사용해서 통합적인 접근을 하면 전문 영역을 가로지르는(cross-disciplinary), 그리고 자기 영역을 초월하는(trans-disciplinary) 지식 계발을 촉진할 수 있고 그 속도를 극적으로 높일 수 있습니다.[48]

---

47) 종국이, 「Paul F. Knitter의 종교신학 모델에 대한 Ken Wilber의 통합사상적 해석」 박사 학위, 가톨릭대학교 대학원, 2018, 91-190.

48) Ken Wilber, 『켄 윌버의 통합비전』 정창영 역, 서울: 물병자리, 2014b, 19-162.

2) 사분면

사분면(quadrants)은 온 우주(Kosmos)(Ken Wilber, 2014a)[49]에서 두 가지의 가장 근본적인 구분인 내면적(interior)인 것과 외면적(exterior)인 것, 그리고 개인적(individual)인 것과 집단적(collective)인 것을 결합한 것으로, 구분을 통해 얻어지는 네 가지 교집합은 개인적인 것과 집단적인 것의 내면적 측면과 외면적 측면을 제공합니다.[50] 사분면의 네 개의 영역들은 상대적 독립성과 상관성을 가지고 있어 서로 환원할 수 있는 성격은 아닙니다.

① 좌상상한(Upper Left/Interior-Individual, Intentional, Subjective)

개인의 주관적인 측면을 나타내며, 개인적인 내면, 개인적 의식에 해당됩니다. 좌상상한 전체는 신체적 감각에서 정신적 개념, 혼과 영에 이르기까지 모든 개인의 내면에서 나타나는 의식의 스펙트럼 전체가 포함됩니다.[51] 좌상상한의 나-(I)는 개인 의식의 내적인 흐름에 대한 1인칭적 설명입니다.

---

49) Ken Wilber, 『켄 윌버의 ILP』 안희영, 조효남 역, 서울: 학지사, 2014a.

50) Ibid, 2014.

51) Ken Wilber, 『무경계』 김철수 역, 서울: 무우수, 2005.

② 우상상한(Upper Right/Exterior-Individual, Behavioral, Objective)

객관적이거나 외적인 상관물로 의식의 내적인 상태를 의미합니다. 이 영역은 신경생리학, 생물심리학, 인지과학을 통해서 뇌의 변화를 연구한 결과 그 변화들은 의식의 주관적인 측면과 연관되어 있다는 것을 알 수 있었습니다. 우상상한의 그것-(It)은 개별적인 유기체에 대한 과학적이고 객관적인 3인칭적인 설명입니다. 하지만 인간은 혼자서 단독으로 존재할 수 없는 세계 내의 존재로 어떤 경우에도 집단의 일부분으로 존재하게 되며 그 집단 또한, 내면적인 부분과 외면적인 부분이 또 존재하게(집단의 양면성) 됩니다.

③ 좌하상한(Lower Left/Interior-Collective, Cultural, Intersubjective)

집단의 내면적인 부분으로 집단이 내적으로 공유하는 의미와 가치, 세계관, 중요성, 윤리도덕 등이 해당됩니다. 좌하상한의 우리-(We)로 공의, 상호 존중, 선을 포함하는 2인칭적 설명입니다. 내가 너와 함께 하기 위해서 어떻게 조율할 것인 가에 대한 것으로 문화적인 상한에 해당합니다. 문화는 실체가 없는 허상이 아닙니다. 문화는 개인의 의식이 객관적이고 물질적인 형태로 고정된 것과 같이 모든 문화적 요소도 외적인 형태로 고정되어 있음을 이해해야 합니다.

④ 우하상한(Lower Right/Exterior-Collective, Social, Interobjective)

집단의 외면적이고 객관적 현상에 해당합니다. 우하상한에 해당하는 사회 체계는 제도적이며 물질적입니다. 그리고 지정학적 형태, 생산성과 관련된 사회 형태로서 원에 사회, 수렵 채집 사회, 산업 사회, 농경 사회, 지식 사회를 포함됩니다. 우하상한은 3인칭적 그것들-(Its)에 해당합니다.

사분면의 중요한 가치는 인간의 의식 발달을 총체적으로 파악하기 위함이며, 좌상상한의 개인적 의식의 차원에 대한 탐구뿐만 아니라 우상상한의 뇌의 신경 생리적 과정과 좌상상한의 사회문화적 발달, 그리고 우상상한의 시스템적 발달 등에 대한 연구도 동시에 함께 이루어져야 합니다.[52]

---

52) 종국이, 「Paul F. Knitter의 종교 신학 모델에 대한 Ken Wilber의 통합사상적 해석」 박사 학위, 가톨릭대학교 대학원, 2018, 91-190.

2. 통합적 지도(IOS) 그리기

"나 자신과 내가 서 있는 '멋진 신세계'에 대한 포괄적인 지도를 갖게 된다면 어떻게 될까?"(켄 윌버) '멋진 신세계'를 설계하는 것은 내 자신에게 있습니다. 멋진 신세계로 안내해줄 통합적 지도(IOS)는 켄 윌버의 사상한(사분면)을 기초로 할 것입니다.

우리가 심리치료를 하기 위한 IOS상의 사분면은 다음과 같습니다.

〈기억자아〉	〈경험자아〉
과거로 돌아가는 심상 기법	내 몸 내부로 들어가는 심상 기법
도식 찾기	통증(몸/심리적)
과거	현재
〈배경자아〉	〈통합적 치료〉
의식 확장 심상 기법	명상/운동
일상의 부적응도식	새로운 경험 만들기
3인칭	1, 2, 3사분면 통합

〈셀프심리치료 IOS〉

① 1사분면- 경험자아(현재의 상태를 중심으로): 몸, 심리적 두 가지 영역으로 나눠서 증상 기록(내 몸 내부로 들어가는 심상 기법).

② 2사분면- 기억자아(과거의 기억을 중심으로): 과거 기억 속에서 도식 찾아내기(과거로 돌아가는 심상 기법).

③ 3사분면- 배경자아(3인칭 객관적 입장을 중심으로): 대인관계, 일상에 나타나는 증상 기록.

④ 4사분면- 통합적 심리치료(의식 확장 심상 기법): 1, 2, 3사분면 통합. 화해하기(심상치료) → 재양육(심상치료) → 새로운 경험 만들기(심상치료, 명상, 운동)

〈통합지도(IOS) 기본 틀〉

• 1사분면: 지금 나는 〔　〕(감정)을 느낀다. 현재 내가 해결하고 싶은(치료하고 싶은) 것은 〔　〕(증상)입니다.

- 1사분면은 몸과 심리적인 두 가지 측면에서 느껴지는 통증(해소하고자 하는 불편한 통증)을 알아차리기 위해서 현재 나의 몸과 심리 상태를 관찰하는 단계입니다. 우선 현재의 내가 가장 고통스러워하는 통증이 무엇인지? 그것을 치료하고 싶은지? 탐색하고 기록합니다.

• 2사분면: 이러한 나의 반응은 〔　〕(삶의 덫)란 삶의 덫과 관련이 있으며, 〔　〕(삶의 덫)은 〔　〕(왜곡된 심리도식 현상)을 과장되게 생각하도록 만들고 있습니다.

- 2사분면에서는 그 통증의 원인을 찾기 위한 단계로써, 과거 기억 속의 나를 찾아내서 그것이 어떤 삶의 덫과 관련이 있는지 알아내는 과정입니다.

- 3사분면: 〔　〕(삶의 덫)은 나의 일상에서는 〔　〕(어떻게) 나타납니다. 그 삶의 덫을 나에게서 떠나보내 줘야 합니다.

- 3사분면에서는 일상생활, 대인관계에서 통증이 어떤 형태로 나타나고 그것이 어떻게 영향을 미치고 있는지 3인칭 관점에서 바라보고 기록합니다(심리도식 일지 쓰기).[53]

- 4사분면: 〔　〕(삶의 덫)이 생활 속에서 다시 나타나지 않도록 나의 어린 시절로 돌아가서 〔　〕(삶의 덫)을 나에게서 떠나보내 줍니다(성인 된 나 혹은 다른 지지자를 통해서 재양육). 〔　〕(삶의 덫)을 압도할 정도하는 새로운 경험으로 바꿔 줍니다(심상 바꾸기).

- 4사분면에서는 2사분면에서 찾아낸 삶의 도식과 3사분면에서 객관적 시각에서 드러난 부적응적 심리도식에 대해서 재양육, 새로운 경험을 위한 심상치료와 명상과 운동을 통해서 긍정심리를 강화하는 것이 통합적 심리치료의 통합적 지도(IOS)입니다.

---

53) 심리도식 일지: 일상생활에서 발생한 사건이나 감정, 생각 등을 기록하는 도구로, 자기 자신의 내면을 탐구하고 이해하기 위해 사용됩니다. 보통은 일일 기록 형식으로 사용되며, 일어난 사건에 대한 감정이나 반응, 그리고 그에 대한 생각과 해석을 적어 나갑니다(촉발 자극/감정/실제적인 행동/심리도식/건강한 관점/실제 걱정/과잉 반응/건강한 행동순으로 기록).

통합적 지도는 내 안에 있는 여러 자아의 관점에서 훈련하고 심리치료를 하기 위한 계획표입니다. 통합적 지도는 심리치료를 좀 더 쉽고 체계적으로 설계할 수 있으며, 치료 방향을 명확하게 제시해 줄 뿐만 아니라 치유가 끝난 후에 그 상태를 계속 유지하기 위한 여러분의 안내 지도가 될 것입니다.

⟨화를 잘 내는 사람을 위한 통합적 지도(IOS)⟩

- 1사분면: [나는 화가 나면 험한 말을 한다]. 현재 내가 해결하고 싶은(치료하고 싶은) 것은 [화가 나도 마음의 평정을 얻는 것]이다. 화를 잘 내는 내가 하는 반응과 행동들 세부적으로 기록합니다.

- 2사분면: 그러한 나의 반응은 [불신과 학대의 덫]이란 삶의 덫에 해당합니다. [불신과 학대의 덫]은 [다른 사람이 나를 무시하고 공격한다] 생각을 하게 합니다. 화를 낼 때 나는 어떤 스토리텔링을 했는가? 나의 과거 어떤 경험이 올라왔는가? 세부적으로 기록합니다.

- 3사분면: [화를 잘 내는] 증상은 나의 일상에서 [남을 자주 오해하거나, 말다툼을 자주하는 형태]로 나타납니다. 나는 상대방을 무엇으로 단정하고 확신했는가?, 나의 확신과 단정이 옳았는가? 틀렸는가? 세부적으로 기록합니다.

- 4사분면: [불신과 학대의 덫]이라는 삶의 덫이 생활 속에서 다시 나타나지 않도록 나의 어린 시절로 돌아가서 [불신과 학대의 덫]

을 나에게서 떠나보내 줍니다(성인이 된 나 혹은 다른 지지자를 통해서 재양육해 줍니다). 〔불신과 학대의 덫〕이라는 삶의 덫을 압도할 정도의 새로운 경험으로 바꿔 줍니다(심상 바꾸기).

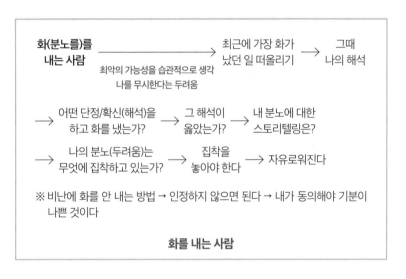

화를 내는 사람

화를 낸다는 것은 상대의 말이나 행동에 대해서 옳고 그름에 상관없이 상대가 하는 모든 것을 인정했기 때문입니다. 내가 상대방에게 동의하지 않으면 기분 나쁘거나 화가 나지 않습니다. 평소 화를 자주 내는 사람들은 직면한 상황을 최악의 가능성을 자기도 모르게 습관적으로 생각하는 경우가 많습니다. 나를 무시한다는 생각, 내가 거절당했다는 생각, 나한테만 저렇게 행동한다는 생각과 두려움들이 화를 내다 보면 분노로 바뀌게 됩니다. 이때 최악의 스토리텔링의 근원은 내 삶의 덫이 그와 비슷한 상황과 만나면서 나타나는 것입니다. 그렇기 때문에 내가 화를 낼 때마다 앞의 IOS처럼 그때그때 상황을 짚고 넘어가 줘야 합니다. 그래야 다음에 비슷한 상황이 되면 내가 먼저 알아채고 그것이 상대방과 상관이 없다는 것을 깨닫게 돼서 화를 더 이상 내지 않게 됩니다.

이외에도 버림받을까 두려울 때, 중독, 말로 상처를 잘 받을 때, 짜증과 분노를 자주 느끼고 수치심과 죄책감을 자주 느낀다면 다음과 같은 각각의 사례들에 대한 원인을 인지하고 예시로 보여 드린 것처럼 사례별로 다음과 같은 '사례별 체크 포인트'를 점검 후에, 통합지도(IOS) 기본 틀에 대입해 볼 것을 권합니다.

〈사례별 체크 포인트〉

- 버림받을까 두려울 때: 내(경험자아)가 가족에게, 애인에게서 버림받을까 봐 두려워서 불안하다면 나(기억자아)에게 최초로 버려짐의 기억이 무엇인지 찾는 것에 제일 중요합니다. 그리고 그때로 여행을 가서(심상치료) 왜 버려졌는지 배경자아와 기억자아가 함께 이야기를 나누어 봅니다. 인생은 수없이 만나고 헤어짐을 반복합니다. 내(기억자아)가 기억하고 있는 최초의 기억은 버려진 것이 아니라 만남과 헤어짐의 일부였다는 것을 알게 될 것입니다.
- 중독: 중독은 내가(경험자아) 갈망(애착, 사랑의 결핍)하는 것에 대해서 어떻게 채울지 방법을 찾지 못했을 때, 그 채워지지 않는 욕구가 모호하고, 자극적인 갈망을 만났을 때 중독에 빠지게 됩니다. 보통은 유년기까지 이러한 결핍이 있었다면 성인이 되어서도 채워지지 않는 갈망으로 인해서 자신이 무

엇을 원하는지, 행복한 건지 느끼지도 못합니다. 그러므로 유년기로 돌아가서 유년기의 나(기억자아)와 대화를 나누고 나의 지지자(배경자아)를 통해서 그때의 결핍을 채워 주고 재양육 과정을 수없이 반복해 줘야 합니다. 그리고 아주 작은 것이라도 받아들이는 훈련을 해야 합니다. 하지만 아주 오랜 시간 결핍되었었다면 마치 며칠 굶었다가 조금만 먹었는데도 구토를 하는 것처럼 처음엔 아주 조그마한 것도 잘 받아들이지 못합니다. 그래도 작은 것부터 받아들이는 연습을 꾸준히 하는 것은 나의 결핍을 채워 주게 될 것입니다.

- 말로 상처받는 사람: 내가 다른 사람들의 말에 의해서 경험자아가 쉽게 상처를 받는다면 그때마다 나의 아픔을 내가 바라봐야 합니다. 보통 내가 듣기 힘든 말들은 내가 미안해지게 만드는 말, 불안하게 하는 말, 나를 위축되게 하는 말, 질투심을 자극하게 하는 말, 동의하기는 싫지만 맞는 말이어서 내가 저항하거나 변명하고 싶은 말, 나의 아픔을 건드리는 말들이라고 할 수 있습니다. 이런 말들로 내가 상처를 받는 것은 나의 아픔, 가슴 아픈 나의 과거(기억자아)와 연결되어 있습니다. 그것을 삶에서의 내가 제대로 애도해 주지 못했기 때문입니다. 그러므로 말로 상처받을 때마다 서운해하지 말고 상대방의 그 말을 내가 듣고 싶은 말로 바꾸어 보고 상대방은 그 말을 했을 때 '어떤 의도나 감정이었을까?'를 배경자아가 바라보고 생각합니다. 그 속에서 내 안의 상처와 아픔을 찾아내고 심상치료로 재양육합니다.

- 짜증·분노: 분노와 짜증은 두려움이 근원입니다. 자신의 두려움을 숨기기 위한 위장술입니다. 또한 두려움의 원인은 스트레스입니다. 풍선에 가스가 찰 대로 다 차면 결국 터져 버립니다. 그러니 짜증과 분노를 없애기 위해서는 스트레스의 원인을 찾고 심상치료를 통해서 그것을 해소해야 합니다.

- 수치심·죄책감: 수치심과 죄책감은 트라우마가 원인입니다. 수치심은 내 자신만의 문제로 양육자에게서 인정받지 못했거나 양육자에게 분노와 경멸을 받고 자랐을 경우 성인이 되어서는 나는 사랑받을 자격이 없고 문제점 있다고 생각하게 됩니다. 죄책감은 다른 사람과 관련된 감정으로 초자아의 형성

기에 부모의 행동 및 기대가 원인으로 작용하여 초자아의 발달에 좋지 않은 영향을 미치게 되고, 도덕관념과 공감능력에 문제가 생겼다고 느끼게 됩니다. 그러므로 심리치료의 핵심은 어린 시절(기억자아) 트라우마를 찾아내고 새로운 경험으로 재양육해야 합니다.

3. 일상에서 통합하기

ne 탓을 하는 원인을 찾아가는 과정은 ne 탓의 원인이 나와 타인에 있지 않다는 것을 알기 위한 과정이라고 할 수 있습니다. 그래서 나와 타인을 탓하기보다는 이해, 그리고 위로와 용서를 하기 위함입니다. 그리고 또한 나에게 새로운 경험을 만들어 주고 재양육을 지속적으로 해서 나에게서 삶의 덫을 멀어지게 하는 데 그 의미가 있습니다. 시험을 앞두고 처음 교재를 완독하기까지에는 많은 시간이 걸립니다. 하지만 그 내용을 반복하면 할수록 완독하는 시간이 점점은 줄어듭니다. 일상생활에서 통합적 셀프심리치료 방법을 계속 반복하는 것도 처음엔 익숙하지 않아서 불편하겠지만 반복적으로 실천하게 되면 어느 순간 익숙해진 습관이 될 것입니다. 그러기 위해서는 다음의 사항들 일상화하기를 해 줄 것을 권합니다.

비슷한 상황이 반복될 때(심리도식이나 삶의 덫이 발현될 때) 알아채고 메모해 놓으세요. 마음이 불편해진다면 그것이 신호입니다. 이때는 나의 심리도식이 발현되는 신호라는 것을 알아채는 것이 중요합니다. 그리고 그것을 인정하고 받아들여야 합니다.

내가 지나치게 다른 사람의 눈치를 보고 다른 사람의 반응에 민감하면, 어렸을 때 부모님이 너무 엄하셨거나, 칭찬을 받기보다 많이 혼나고 자랐을 경우가 많습니다. 이러한 상황이 발생했을 때 나의 성향과 심리도식 때문임을 받아들이지 못한다면 직장에서도 상사나 동료들의 눈치를 보거나, 그들의 표정이나 말 한마디에도 상처를 받습니다. 결국 내가 문제라는 생각에 하루 종일 고민하다 못해 직장을 옮기는 경우도 발생합니다.

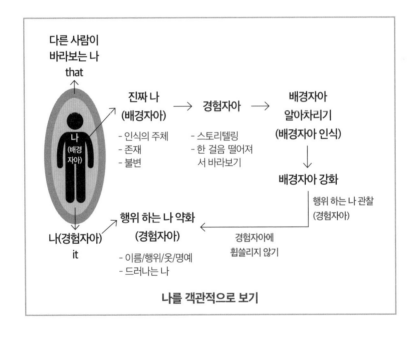

나를 객관적으로 바라보세요. 나를 객관적으로 바라보기 위해서는 배경자아를 통해서 경험자아와 기억자아를 반복적으로 관찰하는 훈련을 해야 합니다. 이것은 배경자아를 강화시켜 나의 경험자아에 흔들리

지 않도록 하는 것입니다. 이 훈련이 잘되면 자기조절능력이 향상되고 내성의 창문이 커져서 힘든 상황에서 불안이나 분노를 느끼지 않고 편안하게 대처할 수 있게 됩니다. 불편한 상황에 휩싸이게 되면 기존의 불편함이 분노로 변하게 되고, 이는 더 나아가 수치심을 일으킬 수 있습니다. 이 감정이 더 강해지면 원래 느꼈던 감정과는 전혀 다른, 두려운 감정이 형성될 수도 있습니다. 이러한 감정에 휩싸이지 않기 위해서는 정서적 안정성과 자기조절능력을 향상시키기 위한 훈련이 필요합니다. 특히, 정서적 안정성을 증진시키고 자신을 관찰할 수 있는 기반이 필요합니다. 이를 위해 일상적으로 존2 운동이나 명상과 같은 활동을 통해 자기조절능력을 키우는 것이 도움이 될 것입니다.

현재 나의 반응은 실제 사실에 반응하는 것이 아니라 민감해서 반응하고 있음을 직시해야 합니다. 직장 상사나 동료가 나를 무시해서 하는 행동이 아니라 내가 어렸을 때부터 형성된 심리도식이 발동해서 민감하게 반응하고 있다는 것을 깨달아야 합니다.

학창 시절부터 직장 생활에 이르기까지 주위 사람들에게 비난이나 거절에 과민 반응을 하며 열등감을 자주 느꼈다면 어린 시절 부모나 형제자매에게서 지속적으로 비난을 받았을 수도 있습니다. 그럴 때마다 나는 학업이나 직장 생활에서 실패자라는 느낌과 자신감도 많이 떨어졌을 것입니다. 이것이 '결함과 실패의 덫' 때문이라는 것을 알아채지 못하고 나의 결함이라고 생각한다면, 영영 이런 생활에서 벗어나지 못할 것입니다. 내가 비난받았다는 생각이 들 때, 직장 동료에게 지나친

열등감을 느낀다면 그것은 삶의 덫 때문이라는 것을 인지해야 합니다. 그리고 이런 과정 속에서 거슬렸던 직장 상사나 동료들의 행동이 나에게만 하는 행동이 아니라 다른 직원들에게도 똑같이 하고 있는 행동 들이었다는 것을 알아챌 수 있어야 합니다. 그렇게 되면 덜 민감하고, 화도 덜 나서 대인관계가 원만하게 될 것입니다.

심상화 작업을 통해서 새로운 행동을 미리 연습하도록 합니다. 이와 같이 대처했음에도 극복되지 않는 상황이나 행동들이 있다면 심상화 작업을 통해서 긍정적인 새로운 스토리를 만들어 보고 그 상황을 미리 연습하는 것이 필요합니다. 긍정의 스토리를 만들 것인가? 부정적 스토리를 만들 것인가? 그 이야기의 주체는 바로 내 자신입니다.

나를 건강한 성인으로 트레이닝합니다. 역기능적인 심리도식이 떠오를 때마다 그것이 역기능적임을 지적함과 동시에 나에 대해 공감을 해 주어야 합니다(공감적 직면). 어렸을 때 부모로부터 받지 못했던 제대로 된 양육을 본인 스스로 혹은 다른 상담자를 통해서 심상 작업이나 역할 연기를 통해서 건강한 성인이 되기 위한 재양육 작업을 반복해야 합니다. 또한 극복되지 않는 행동이나 패턴, 감정에 대해서도 한 번에 한 가지씩 목표를 정하고 계획을 세워서 해결해 나가시기를 바랍니다 (문제 행동별 통합적 지도 그리기).

20년, 30년을 이대로 살아왔기 때문에 나를 바꾸는 것이 어렵다고요? 그럼 앞으로 살아갈 70년, 80년은 누가 책임지나요? 우리에게 남은 생이 얼마가 될지 모르기 때문에 살아온 시간보다 살아갈 시간을 위해서 우리는 변화되어야 합니다. 어렸을 때부터 익숙했던 것을 버리고 변화시키는 것이 어렵겠지만 남은 생에 대한 책임감을 가지고 나에게 새로운 것을 가르치고 지금부터 그것에 익숙해지게 해야 합니다. 나에 대한 이해와 인정을 시작으로 나에게 새롭고, 좋은 경험을 만들어 주세요. 그리고 나의 여러 가지 자아 중에서 배경자아의 빽(도움 요청)으로 항상 나의 몸을 관찰하는 습관을 들여 보세요. 삶의 덫은 어느새 나에게서 멀어져 있을 것입니다.

'긍정의 스토리'를 만들 것인가?, '부정의 스토리'를 만들 것인가?
여러분의 뇌는 여러분 자신의 명령을 기다리고 있습니다.
준비됐다면 무엇이든 시작해 보세요.

참고 문헌

김대호, 이현지, 『심상기반 외상치료』, 서울: 도서출판 하나의학사, 2023.

김경일, 『지혜의 심리학』, 서울: 진성북스, 2022.

김주환, 『내면소통』, 서울: 인플루엔셜, 2023.

김형숙, 『초심상담사를 위한 상담 내비게이션』, 서울: 학지사, 2023.

배철영, 「켄윌버의 통합심리학에 관한 연구」, 박사 학위, 동의대학교 대학원, 2016.

양복이, 「코칭기법을 활용한 문해교육프로그램 개발 및 적용」, 박사 학위, 대구한
   의대학교 일반대학원, 2021.

이정배, 「켄 윌버의 사상한(four quadrants)에서 본 기독교적 죽음이해」, 동양철학
   연구 no. 55, 2008.

한명숙, 「켄 윌버의 통합심리학에 관한 연구」, 박사 학위, 동의대학교 대학원, 2016.

Gerald Corey, 『상담 및 심리치료의 통합적 접근』, 현명호, 유제민 공역, 서울: 시
   그마프레스, 2005.

Ken Wilber, 『The Spiral of Development. Note: From A Theory of Everything』,
   Massachusetts: Shambhala Publications Inc, 2000.

Ken Wilber, 『무경계』, 김철수 역, 서울: 무우수, 2005.

Ken Wilber, 『성·생태·영성(Sex·Ecology·Sprituality)』, 조옥경, 김철수 역, 서울:
   학지사, 1995.

Ken Wilber, 『아이 오브 스피릿』, 김철수, 조옥경 역, 서울: 학지사, 2015.

Ken Wilber, 『의식의 스펙트럼』, 박정숙 역, 고양: 범양사, 2006.

Ken Wilber, 『켄 윌버의 ILP』, 안희영, 조효남 역, 서울: 학지사, 2014.

Ken Wilber, 『켄 윌버의 모든 것의 이론』, 김명권, 민회준 역, 서울: 학지사, 2015.

Ken Wilber, 『켄 윌버의 신』, 조옥경, 김철수 역, 파주: 김영사, 2016.

Ken Wilber, 『켄 윌버의 일기』, 김명권, 민회준 역, 서울: 학지사, 2010.

Ken Wilber, 『켄 윌버의 통합비전』, 정창영 역, 서울: 물병자리, 2014b.

Ken Wilber, 『켄 윌버의 통합심리학』, 조옥경 역, 서울: 학지사, 2008.

Marquis, Andre, 『통합심리치료: 평가와 사례개념화』, 문일경 역, 서울: 학지사, 2011.

Mark R. McMinn, Timothy R. Phillips, 『Care for the Soul: Exploring the Intersection of Psychology and Theology』, Downers Grove: InterVarsity, 2001.

Mark R. McMinn, 『Psychology, Theology, and Spirituality in Christian Counselling』, Wheaton: Tyndale, 1996.

_____, 『심리학, 신학, 영성이 하나 된 기독교 상담』, 채규만 역, 서울: 두란노, 2004.

한선희, 「노인문제에 대한 목회상담학적 해결방안」, 박사 학위, Canada Christian College, 2022.

Joan M. Farrell, Neele Reiss, Ida A. Shaw, MA, 『심리도식치료 임상가이드』, 이은희, 송영희 역, 서울: 학지사, 2018.

Alex Korb, 『우울할 땐 뇌 과학』, 정지인 역, 서울: 도서출판 푸른숲, 2018.

Dami Charf, 『당신의 어린 시절이 울고 있다』, 서유리 역, 서울: 동양북스, 2021.

Jennifer Heisz, 『운동의 뇌과학』, 이영래 역, 서울: 현대지성, 2023.

Greory Hamiltion, 『심리치료에서 대상관계와 자아기능』, 김진숙, 김창대, 이지연, 윤숙경 역, 서울: 학지사, 2021.

Lisa Feldman Barrett, 『이토록 뜻밖의 뇌과학』, 변지영 역, 서울: 도서출판 길벗, 2023.

Gerald Corey, 『상담과 심리치료의 통합적 접근』, 이상민, 이태림, 고혜연, 이장희,

남지은 역, 서울: 피와이메이트, 2021.

Lisa Feldman Barrett, 『감정은 어떻게 만들어지는가?』, 최호영 역, 경기: 한국물가 정보, 2019.

Jeffrey E. Young, Janet S. Kiosko, 『삶의 덫에서 벗어나 새로운 나를 열기』, 최영 희 역, 서울: 메타미디어, 2022.

Mike Annesley, 『마음챙김에 대한 거의 모든 것』, 박지웅 역, 서울: 불광출판사, 2020.

Jeffrey E. Young, Janet S. Klosko, Marjorie E. Weishaar, 『심리치료도식』, 권석만, 김진숙, 서수균 외, 서울: 학지사, 2021.

Ainsworth M. D. S. Object relations, 1968, 「dependency, and attachment: Atheoretical review of the infant-mother relationshio」, Child Development.

Alexander F., 1956, 『Psychonalysis and psychotherapy: Decelopments in theory, technique, and training』, New York: Norton.

Aaron T. Beck, Denise D. Davis, Arthur Freeman, 1990, 『Cognitie tberapy of personality disorders』, New York: Guiford Press.

Bowldy J., 1980, 『Attacbment and loss: Voll. III. Loss, sadness, and depression』, New York: Basic Books.

LeDoux J., 1996, 『The emotional brain』, New York: Simon & Schusster.

Miller A., 1976, 『Prisoners of childhbood: The dreama of gifted child and the search for the true self』, New York: Basic Books.

Shane M., Shane E. & G Alaes M., 1997, 『Intimate attacbments: Towrd a new self psycbology』, New York: Guiford press.

Terence, 1965, 『Heauton timoroumenos(The self-tormentor)(Betty Radice, Trans)』, New York: Penguin.

Young J. E. & Brown G., 2001, 『Young Schema Questionnaire: Special Edition』, New York: Schema Therapy Institute.

Young J. E. & Klosko J. S., 1993, 『Reinventing your life: How to break free from negative life patterns』, New York: Dutton.

Young J. E. & Klosko J., 1994, 『Reitnventing your life』, New York: Plume.

Young J. E., Wattwenmaker D. & Wattenmaker R., 1996, 『Schema therapy flashcard』, New York: Cognitive therapy center of New York.

Schwartz B., Ward A., et.al., 2002, 『Maximizing versus satisficing: Happiness is a matter of choice. Journal of Personality and Social Psychology』, 178-1197.

Hsu M., Bhart M. et al., 2005, 『Neural systems responding to degress of uncertainty in human decision-making』, Science, 1680-1683.

Borckardt J. J., Reeves S. T., et al., 2011, 『Fast left prefrontal TMS acutely suppresses analgesic effects of perceived controllability on the emotional component of pain experience』, Pain, 182-187.

Farb N. A., Segal Z. V., et al., 2007, 『Attending to the present: Mindfulness meditation reveals distinct neural modes of self-reference』, Social Cognitive and Affective Neuroscience, 313-322.

Vuilleumier P., 2005, 『How brains beware: Neural mechanisms of emotional attention』, Trends in Cognitivw Sciences, 585-594.

Phelps E. A., 2004, 『Human emotion and memory』, Current Opinion in Neurobiology, 198-202.

Schwabe L. & Wolf O. T., 2009, 『Stress prompts habit behavior in humans』, Journal of Neuroscience, 7191-7198.

Schartz B., Ward A., et al., 2002, 「Maximizing versus satisficing」, Journal of Personality and Social Psychology, 1178-1197.

Creswell J. D., Welch W. T., et al., 2005, 「Affirmation of personal values buffers neuroendocrine and psychological stress responses」, Pschological Science, 846-851.

MacLeod A. K., Coates E. & Hetherton J., 2008, 「목표설정과 계획기술을 가르쳐 행복 증진시키기」, Journal of Happiness Seudies, 185-196.

Shapiro D., Cook I. A., et al., 2007, 「우울증 보조 치료법으로서의 요가: 결과에 특성 과 기분이 미치는 영향」, Evidence-Based complentary and Alternative, 493-502.

Kjellgren A., Bood S. A., et al., 2007.

Briggs Myers I., McCaulley M. H., Quenk N. L. & Hammer A. L, 1998, 『MBTI Manual: A Guide to the Development and Use of the Myers-Briggs Type Indicator』, Consulting Psyschologists Press.

Cohen J., Cohen P., West S. G. & Aiken L. S., 2003, 『Applied multiple regression/correlation analysis for the behavioral sciences(3rd ed.)』, Mahwah, NJ: Lawrence Erlbaum.

김현아, 「제12장 섬유 근통: 임상류마티스학」, 제1판, 한국 의학사, 2006.

Guedj E., Cammilleri S., Niboyet J., Dupont P., Vidal E., Dropinski JP, et al., 「Clinical correlate of brain SPECT perfusion abnormalities in fibromyalgia」, Journal of nuclear medicine: official publication, Society of Nuclear Medicine, 2008;49:1798-1803. 19.

장영주, 정인철, 이상룡, 2009, 「이명(耳鳴)에 관한 정신의학적 문헌고찰(文獻考 察)」, 논문집: 대전대학교 한의학연구소. 한의학편, 18(1), 67-81.

Jastreboff PJ, Gray WC, Gold SL, 「Neurophysiological approach to tinnitus patients」, Am J Otol 199.

이정민, 2020, 「복합 PTSD의 상담 및 심리 치료: 단계 기반 접근을 중심으로」, 한국심리학회지: 일반, 39(2), 307-333.

Moffitt T. E., 1993, 「Adolescence-limited and life-course persistent antisocial behavior: A developmental taxonomy」, Psychol, Rev. 200:674-701.

Caspi, Avshalom, Brent W. Roberts and Rebecca L. Shiner, 2005, 「Personality development: Stability and change」, Annual Review of Psychology, 56:453-84.

권준수, 2022, 「스트레스와 내적취약성 및 회복탄력성의 상호작용이 정신질환 발병과 예후에 미치는 영향에 대한 통합적 뇌과학 연구 뇌」